千古奇案系列

梦回大明
看奇案

姜正成 ◎ 著

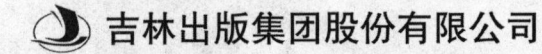

吉林出版集团股份有限公司

图书在版编目(CIP)数据

梦回大明看奇案 / 姜正成著. —长春：吉林出版集团股份有限公司, 2018.7
ISBN 978-7-5581-5546-8

Ⅰ.①梦… Ⅱ.①姜… Ⅲ.①中国历史—明代—通俗读物 Ⅳ.①K248.09

中国版本图书馆 CIP 数据核字(2018)第 149783 号

梦回大明看奇案

著　　者	姜正成
责任编辑	王　平　史俊南
开　　本	710mm×1000mm　1/16
字　　数	230 千字
印　　张	16.5
版　　次	2018 年 7 月第 1 版
印　　次	2018 年 7 月第 1 次印刷
出　　版	吉林出版集团股份有限公司
电　　话	总编办:010-63109269
	发行部:010-67208886
印　　刷	北京市通州大中印刷厂

ISBN 978-7-5581-5546-8　　　　　　　　　　定价:49.80 元
版权所有　侵权必究

前 言

明朝可以说是中国历史上最重要的朝代之一。有人把明朝看成中华文明发展中承上启下的重要时代，也有人将明朝视为中华民族由世界文明前列走向衰弱的转折点。之所以这么说，是因为在此期间，中国社会发生了翻天覆地的变化。对于这些变化，拍手称快者有之，切齿怒骂者亦有之。仁者见仁智者见智的评价，透露出明朝社会变化发展的复杂性和多样性。

本书讲述了发生在大明帝国的十个离奇事件，每个事件都是根据史实撰写，情节曲折，上至皇帝至尊、下至平民百姓在这些事件中都有涉及。读者可以由这本书了解到：朱元璋由平民到皇帝的个人"奋斗史"，朱棣"半由人事半由天"的帝王之路，还有性情皇帝明武宗；中国历史上最著名的大太监之一，阉人也疯狂的"九千岁"魏忠贤；明末农民起义军首领李自成、张献忠的成败……通过故事还原历史，为读者讲一段不一样的明朝那些事儿。

明朝经济文化在中国古代历史上属于发达阶段。明朝所处的时期，正是世界科学技术和经济突飞猛进的大发展时期。从明朝晚期开始，伴随着文艺复兴、地理大发现和宗教改革，西方世界的科技发展迅猛提速，同一时间，中国也涌现出了徐光启、宋应星、徐霞客、冯梦龙等一大批

科学家、地理学家和文学家。西方文化也随着一批传教士来到中国，为东西方文化的交流开辟了窗口。

　　了解和认识明朝的历史，或许可以帮助我们了解，曾经强盛于世的中国，为什么在那个时候开始落后。

　　在明朝，曾经活跃在中国政治舞台的丞相在朱元璋的滴血屠刀下悄然隐退，君主专制达到了登峰造极的地步。翻开《明史》，我们不时可以看到飞舞的大板子和大臣们血肉模糊的身影，当世界政治迅速迈向近代民主的时候，野蛮的廷杖制度却在大明的朝堂上张牙舞爪，叫有识之士如何能不扼腕怒骂！然而，我们也看到，满怀治国安民理想的士大夫们并没有被暴君的肆虐所吓倒，他们以自己的血肉之躯乃至生命与暴君进行着不屈的抗争，其英勇顽强，令人血脉偾张。

　　曾几何时，郑和率领的庞大船队浩浩荡荡地航行在印度洋上，所到之处尽显大明国威，祖祖辈辈固守黄土地的中国人，终于在蓝色的海洋上扬眉吐气！可是，当半个世纪以后，麦哲伦率领他那颇显寒酸的船队完成环行全球的壮举时，昔日威震西洋的郑和宝船却早已化为朽木。从驶向大海到海禁锁国，身处大航海时代的大明王朝迈出了悲剧性的一步。当中国的商人与官兵玩着猫捉老鼠的游戏，通过走私贸易开拓海外市场的时候，欧洲各国的商船却已在海洋上穿梭，疯狂占领着世界市场。

　　人类对自身历史的了解实在是少得可怜，正如有位英国历史学家曾感叹的那样："历史学家所得到的史料，就像渔夫在大海中偶然钓到的几条鱼！"的确，我们所知道的历史，仅是广袤无垠的历史真相中的一鳞片爪，还有许多未解之谜有待于我们去解析。在这本书中，我们选取了明朝历史中的一些片段，一些疑云缭绕的未解之谜，让我们一起来探知历史，拨开重重迷雾，还原真实。

上篇 帝王的迷离一生

明朝是继周朝、汉朝和唐朝之后中国古代又一个繁盛的黄金时代，然而，明朝的帝王们身上却有着不可言说的离奇事件。他们怪异的行为让当时的人们惊恐，却让后来的人们好奇。

明太祖朱元璋：众说纷纭的传奇帝王

朱元璋籍贯之谜 …………………………………………… 002
朱元璋长相之谜 …………………………………………… 007
朱元璋陵墓夜半哭声 ……………………………………… 013
朱元璋成功之谜 …………………………………………… 017
朱元璋国号之谜 …………………………………………… 021

明成祖朱棣：生前身后的谜团

明成祖生母之谜 …………………………………………… 026
明成祖迁都之谜 …………………………………………… 031
朱棣斩杀三千宫女之谜 …………………………………… 035
朱棣后宫之谜 ……………………………………………… 041
朱棣起兵谋反之谜 ………………………………………… 045

明建文帝朱允炆：生死未卜，人间蒸发

建文帝朱允炆出家为僧 …………………………………… 050
建文帝登基之谜 …………………………………………… 055

建文帝削藩之谜 ……………………………………… 059
建文帝"被焚死"之谜 …………………………………… 063
三清山是建文帝朱允炆藏身之地吗 …………………… 066

明神宗朱翊钧：二十年不上早朝探因

明万历皇帝朱翊钧一天娶九个老婆 …………………… 070
明万历皇帝朱翊钧后宫生活之谜 ……………………… 077
备受冷落的王皇后 ……………………………………… 081
大喜大悲的王恭妃 ……………………………………… 086
恃宠谋权的郑贵妃 ……………………………………… 090

明崇祯皇帝：自缢而死有疑问

中国唯一一位信丰天主教的皇帝 ……………………… 095
崇祯皇帝子孙的命运 …………………………………… 101
崇祯遗书道出自杀幕后的秘密 ………………………… 106
崇祯帝是因吝啬而亡国的吗 …………………………… 112
是多疑让崇祯皇帝走向灭亡的吗 ……………………… 118

下篇 臣民的多难风波

明朝的大臣和宦官是整个国家的中流砥柱，他们的一言一行都影响着人民的生活。帝王和臣子的斗智斗勇，有多少人又因此而被屈含冤，在这背后藏了太多的阴谋，真相隐藏在重重迷雾之中。

同室操戈：战争背后的阴谋

徐达是病死还是被毒死的 …………………… 124

毛文龙被杀之谜 …………………………… 129

东林党之谜 ………………………………… 135

权相奸臣严嵩功过之谜 …………………… 139

张居正身死受辱之谜 ……………………… 143

牛金星起义之谜 …………………………… 148

张献忠屠蜀之谜 …………………………… 153

英雄遗恨：驰骋疆场的功过之谜

郑成功死亡之谜 …………………………… 157

戚继光斩子疑案 …………………………… 161

萨尔浒战役之谜 …………………………… 165

吴三桂为降清之谜 ………………………… 169

史可法功过的争议 ………………………… 172

嘉靖朝倭寇肆虐之谜 ……………………… 176

明起义领袖李自成：战败之后下落何方

李自成生死之谜 …………………………… 179

李自成称王时间之谜 ……………………… 184

李自成失败的原因 ………………………… 188

李自成归隐甘肃青城之谜 ………………… 193

李自成议和之谜 …………………………… 199

兔死狗烹：多变之秋的千古冤狱

胡蓝狱案之谜 …………………………………………… 203

袁崇焕含冤而死 ………………………………………… 209

王大臣毒害深谋之谜 …………………………………… 212

明初文字狱的冤案 ……………………………………… 216

李贽入狱之谜 …………………………………………… 220

"空印案"之谜 ………………………………………… 224

宦官专权：阉党祸乱朝纲秘闻

明朝内阁权力斗争之谜 ………………………………… 228

明朝厂卫之谜 …………………………………………… 234

王振擅权之谜 …………………………………………… 240

刘瑾专权秘闻 …………………………………………… 245

魏忠贤祸乱朝纲之谜 …………………………………… 249

后　记 ……………………………………………………… 255

上 篇

帝王的迷离一生

明朝是继周朝、汉朝和唐朝之后中国古代又一个繁盛的黄金时代,然而,明朝的帝王们身上却有着不可言说的离奇事件。他们怪异的行为让当时的人们惊恐,却让后来的人们好奇。

明太祖朱元璋：众说纷纭的传奇帝王

　　大家都知道，朱元璋最初只是一个社会最底层的赤贫的牧童、无依无靠的游方僧人，最后却成就了帝业，这在中国历代开国皇帝中也算得上是传奇了。他凭借了什么取得的成功的呢？这是一个历史谜团。

朱元璋籍贯之谜

　　"说凤阳，道凤阳，凤阳本是个好地方，自从出了个朱皇帝，十年倒有九年荒。"一段凤阳花鼓，让全中国人都知道明朝的开国皇帝朱元璋是凤阳人，就连《辞海》中也说朱元璋是"濠州钟离（今安徽凤阳东北）人"。但是，在江苏的句容、盱眙、沛县等地，至今还流传着朱元璋是当地人的不同说法。那么，究竟朱元璋的籍贯在哪里呢？

关于朱元璋的出生地，第一种说法是"钟离东乡说"。据《明史》记载："太祖讳元璋，字国瑞，朱姓。世家沛，徙句容，再徙泗州。父世珍，始迁濠州之钟离。生四子，太祖其季也。"据说，朱元璋原本祖籍在沛县。北宋末年，金人南犯中原，世代居住在沛县的一个穷苦农民朱百六，带着夫人胡氏和儿子朱四五、朱四九南渡长江，迁徙到了金陵句容通德乡的朱家巷落户，以种田为生。在此朱四九娶了一位侯姓女子，生下四个儿子，即朱初一、朱初二、朱初五、朱初十。到了宋末元初时，朱家已沦落为"淘金户"，专为元朝统治者开采金银等贵金属。朱初一见在句容难以生存，又带着夫人与十二岁的大儿子朱五一、八岁的小儿子朱五四向淮北逃亡。由于泗州一带荒地较多，适于耕种，就在泗州的盱眙津里镇定居下来，以农耕为生。后朱五四娶妻陈氏，由于在当地生活艰难，又迁徙至安徽灵璧县，而后至濠州钟离的东乡，又至西乡，最终在太平乡孤庄村定居下来。朱五四到钟离之前，已生有三个儿子，三个女儿，儿子分别叫重四、重六、重七，朱五四一生有重一、重二、重三、重五四个儿子，等到朱元璋出生时，就取名叫重八。在古代，由于没文化，穷苦人家给孩子取名一般按照日子或辈分，以数字取名。直到朱元璋长大以后，才给自己取了正式的名字叫兴宗，后又改为元璋，字国瑞。因为他登基的年号是洪武，后人遂又称其为洪武皇帝，在凤阳一带，人们则称他为朱洪武。

自从做了皇帝，朱元璋出生的村庄就被尊称为赵府村，又称灵迹村或灵迹乡。据传言，朱元璋出生的时候有不少祥瑞。就在他出生的前一天，母亲陈氏梦见自己正在屋子南边干活时，有一个头戴黄冠，身穿红袍，留着长胡子的道士从西北方向来，从院里一堆麦糠中取出一颗白药丸，给陈氏吃下。梦醒后陈氏嘴里还有一股香气，第二天就在二郎庙生下了朱元璋，二郎庙旁边的山冈亦得名为跃龙冈，又称孕龙基。万历三十年（1602年）曾立碑"跃龙冈"，残碑至今仍在。据说朱元璋生下来时，红光耀天，映红了整个庙宇和附近的山，异象持续了好几天，当地人都很诧异；朱元璋称帝后，这片山被命名为明光山，现今安徽省有明光市和明光镇，地名便是来源于此。以现代人的观点来看，这些说法的目的自然是为了说明皇帝受命于天，由后人附会上去的。真实的情况是，朱元璋出生时家境十分艰难，就连包裹婴儿的衣物也是从河里捞起的破红绸布，而到了后来的传说中，就变成了附近二郎庙的和尚抱朱元璋在河里洗澡时，河中突然浮起一方红罗，便为他裹身，称为"红罗幛"。一般在正史记载中都是持"钟离东乡说"，在明成祖时的大学士解缙著的《天潢玉牒》和怀素的《皇陵碑》中也都如此认为。

第二种说法是由清朝初期的大学者查继佐提出。他认为，朱元璋的父亲因为家道中落，迁徙到了江苏盱眙的五河乡，在这里生下了朱元璋——这就是"盱眙县五河说"。曾经有学者根据《盱眙县志》对这一假说进行了考证，发现在元代盱眙并没有五河这个乡，反倒是在盱眙邻近的今安徽境内有个五河县。

还有人认为朱元璋出生于盱眙县太平乡的明光山二郎庙旁，明人王文录写的《龙兴慈记》、高岱的《鸿猷录》及明清两代的《盱眙县志》都赞同这一说法。成于明朝万历年间的盱眙县志自称为《帝里盱眙县志》，其首卷更是开宗明义曰：《圣迹志》。这一说法虽与第一种说法有出入，但在明清时代，明光处于盱眙县与临淮县交界处，两地连接非常

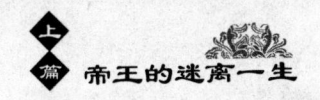

紧密，在元朝时有可能明光确实属于钟离东乡。

综合分析，朱元璋出生在盱眙太平乡二郎庙附近似乎最为可信。这一带就是如今安徽省明光市明东乡的赵府村，而不是之前说的凤阳。当时太平乡虽然属于盱眙，但是邻近钟离，朱元璋的父母很有可能是后来带着他西迁到不远的钟离东乡的。钟离作为朱元璋的崛起之地和父母葬地，算是他的第二故乡，并且朱元璋父亲在盱眙居住了四十多年，朱元璋本人又生在盱眙，所以说，他的籍贯应该是盱眙县太平乡。

以上都是有关朱元璋出生地的争论。按照我国的历史习惯，籍贯指本人的原籍，一般都是按照祖籍去填写的，因此朱元璋的籍贯又有第三种说法"句容说"。20世纪80年代，曾有民间文艺工作者在江苏句容县收集到这样一首民谣，其中唱道："句容蛮，句容蛮，提到句容就胆寒，小小的神仙张邋遢，大大的状元李春芳，阳间的皇帝朱元璋，阴间皇帝张祠山。"句容人数百年来一直宣称朱元璋是他们的老乡，这里所指的就是朱元璋的祖籍。1363年，朱元璋在句容立朱氏世德之碑，在碑文中他自称朱家出自金陵的句容，地名朱家巷。元初的时候，祖父朱初一逃离句容，去往盱眙垦荒。到了明朝嘉靖年间，还曾有一个句容籍的官员上奏嘉靖皇帝，说句容是皇上的祖籍，要求加封该地。

由于出身贫寒，朱元璋能够追溯的祖先只有五代。与普通百姓不同，作为帝王之家，按照中国古代的礼制，皇帝要立始祖庙祭祀祖先，就必须追溯到远祖。在朱元璋做皇帝后，就曾有官员提出以朱熹（新安籍，今安徽徽州地区）为祖先。后来朱元璋接见一个新安籍的朱姓官员时，就问他是否是朱熹的后代，结果这个官员非常惶恐地说"臣自有臣祖"，言外之意是他与朱元璋不是源自同一个祖先，而新安朱姓均出自朱熹。

为此，朱元璋很伤感，就将这一提法作罢。此事反映出在朱元璋的远籍问题上也难有定论。

朱元璋的远籍目前也有三种说法：一是沛地说，二是丹徒说，三是山东仙源说。

吴晗的《朱元璋传》认为朱元璋的远籍是沛县，至今在当地还有这样的说法，而较早在《明史》中也有明确的记载。这里的沛，是指郡望，它源自汉代的沛郡，在今天的安徽濉溪县西北一带。

明初解缙在《大明帝典》中认为朱元璋"始居丹徒"，但是这一说法在清代潘柽章的《国史考异》中被证伪，难以确证。明朝承休端惠王的《统宗绳蛰录》，是明宗室藩府的记录，追溯朱元璋的祖先是"汉时山东兖州府仙源县兴贤乡人"。仙源即今天的山东曲阜县境内。这一说法，对于朱氏皇族的世系记述来龙去脉最为完备且详细，与朱氏世德之碑的记载也没有冲突，因此为不少学者所肯定。

籍贯是中国人尊祖敬宗观念体系中的一件大事，作为九五之尊的帝王，在籍贯问题上自然要慎之又慎，正因如此，后人才会在朱元璋的籍贯问题上出现这么多的争论。

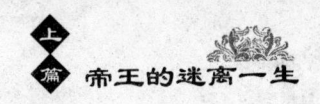

朱元璋长相之谜

朱元璋流传在世的画像版本众多，目前外界能见到的画像主要归于这两类：帅哥朱元璋与丑男朱元璋。

到底哪种版本才是朱元璋的"真相"？这也是众说纷纭。

笔者手里收集到了可能是迄今最全的朱元璋画像，既有源自宫廷的，也有来自民间的，版本达16种之多，有的相貌很滑稽，十分古怪。其中，有不少是笔者从南京明孝陵博物馆藏品中看到的。

过去给帝王画像，就像现在国家领导人的专职摄影师一样，也有御用画师。民间有一个流传极广的朱元璋画像故事：

话说朱元璋称帝后广召丹青高手给自己画像。第一个进宫的画师十分认真，把像画得惟妙惟肖，栩栩如生，和本人一样。朱元璋看到自己丑陋的形象，勃然大怒，下旨把画师推出去斩了。

第二个画师吸取了教训，自作聪明，把朱元璋"画"成了美男，一表人才，五官端正，相貌堂堂。朱元璋一看这哪是自己啊，明明是在忽悠他。自然，这位画师也难逃一死。

第三个画师是个聪明人，他揣摩出了朱元璋的心思，故而追求"神似"：脸型描摹得与真人差不多，其他部位略做了处理，就如现在影楼给新郎新娘拍婚纱照，要将原图进行一下修理。结果，朱元璋看了便龙颜大悦，只见画中的自己满脸仁慈，一副帝王之相。不用说，画师不仅免于一死，还获得重赏。

这段"民间故事"的真伪自然难以考证。不过，里面透露出一个信息，朱元璋的相貌确实异于常人，可能与秦始皇一样，五官失调，不合比例。爱美之心人皆有之，何况讲究威仪的帝王朱元璋呢？所以朱元璋暗示画师造假的可能性是存在的。

流传在世的朱元璋画像，除了一两幅外，绝大部分版本都系明亡以后民间所绘，有的版本极不严谨，如把朱元璋的皇冠绘成了秦汉制式，和秦始皇、汉武帝戴的是一样的，显然属于搞笑画作。

还有的将朱元璋的下巴画得大如馒头，从生理学角度讲，只有得了怪病的人才能长成这样。如果这种长着奇怪下巴的画像真是写实之作，那只能说当时确实把朱元璋的奇异相貌当成帝王奇相来理解了；更有可能是朝廷有意授权画师，通过障眼法来愚弄臣民。

从历史上看，帝王为了美化自己常常在出生、相貌上故弄玄虚。如《明实录》记载，朱元璋是晚上出生，出生时红光满地，房里异常光亮，邻居以为朱家失火了。实际上，这怎么可能呢？说红色满地倒有可能是真的，因为其母生他时大出血。

还有，传说朱元璋与哥哥葬父时遇到暴雨，于是哥儿俩放下包裹在芦席里的父亲的尸身，进庙躲雨，结果雨停了，奇事也出现了，尸体所在的地方自起坟头，于是说朱元璋葬父葬到出真龙天子的风水宝地上了。称帝后，朱元璋专门在凤阳的"中都"修筑了皇陵，将父母的土坟头，改建成了帝王陵，至今尚存。所以，不排除后世有意为大明开国皇帝，

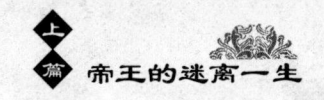

从相貌上寻找天意的可能。

民间认为，朱元璋患过天花而不死，留下了一副麻脸，加上他的下巴稍长，额骨稍凸，常人可能觉得太丑了，御用文人则正好附会说这是帝王奇相："下辅学堂地阁朝，承浆俱满是官僚。如教中辅来相应，必坐枢庭佐舜尧。"一般地阁（下巴）饱满就是官相之人，而朱元璋地阁雄奇，妙不可言，贵不可测，自然是帝王级的好命了。

文人美饰帝王历来如此，翻开24史，每个帝王在文人的笔下都是天子相。如上文曾提到的汉高祖刘邦，本来就一高鼻梁长胡须的正常男子，但《汉书·高帝纪》称"高祖为人，隆准而龙颜，美须髯，左股有七十二黑子"，连身上的黑痣都成了贵处。

现在有不少人觉得那张现保存于北京故宫，并为南京阅江楼等多个明朝景点悬挂的朱元璋一脸仁慈的"标准像"与真人不相符，是假的，相信长着怪异下巴的画像才与真人最接近。

朱元璋的相貌到底怎么样，丑不丑，现在谁也说不清，但我推测也应该不会太丑，不然在濠州起事的土财主郭子兴，怎么可能把义女马秀英嫁给一个又丑又穷的穷和尚？

根据生物学规律，相貌会遗传。朱元璋生有朱标、朱棣等24个儿子，这么多"龙种"当中为什么没有一个人肥耳、大下巴，与传说中的朱元璋长得相似？而且从明朝诸帝的画像来看，均无此长相，相反都与朱元璋的标准画像差不多。

香港《文汇报》刊文称，在两宋之前，历代帝王长相皆无记录。被传是唐阎立本所绘《历代帝王图卷》里的13位帝王，也大都属于写意作品，在画家赋予的细节特征外，帝王面貌也大抵相同。两宋帝王，始有

宫廷画师据实画像，但写意的成分依然浓厚。蒙元依然沿袭宋式风格。到了明清两代，帝王画像的写实性就很强了，尤其清朝康熙之后，先有擅长写实风格的西洋油画宫廷画师，后来又有照相技术的传入。明清帝王长得什么样，现代人已经一目了然了。

但明朝开国皇帝朱元璋是个特例，由于其出身草莽，自小颠沛流离，且又当过和尚，即位后又残杀功臣，导致其长相如何在民间有多重版本，可以说是历代帝王中画像版本最多的一位，于是就有了上文中所说的三个画师的故事流传下来。

民间传说也不可尽信，别说是开国皇帝了，就是普通老百姓，也不希望画师据实画出自己面貌上的缺陷，这是人性使然。与此同时，由于朱元璋生于社会底层，和民间接触较多，民间传说他的一些外貌特征——如额头和太阳穴隆起、颧骨突出、宽阔的下巴要比上颚长出不少、大鼻子、粗眉毛、金鱼眼、满脸麻子等外貌特征也极有可能属实。何况，《明史·太祖本纪》描述朱元璋的长相时说"姿貌雄杰，奇骨贯顶。志意廓然，人莫能测"，前四个字虽是溢美之词，后四个字却也是隐晦描述朱元璋长相奇特。

现有的资料中，正史和民间流传有朱元璋的十六幅画像，其中面貌慈祥穿着朝服右上角正楷书有"大明太祖高皇帝"的当属正史和宫廷所藏；另一幅"明太祖真像"在民间流传颇广，画中朱元璋身着红袍，头扎黑色逍遥巾，突出了民间传说的阔长宽广的大下巴，十分夸张。而其他十四张图像则均以这张为蓝本，极力丑化朱元璋，有些甚至为了突出民间传说的"三十六颗红麻子"，比例不当地在其脸上画斑点。这些图像线条粗陋，有的服饰冠带甚至不合明朝规制，应该是民间艺人的信手涂

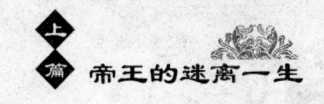

鸦之作。

笔者以为，真正的朱元璋相貌既不像宫廷藏本画得那么慈祥英俊，也不可能像民间版本将其描绘得那么丑恶和不堪。真正的朱元璋长相极有可能是面貌一般但有些特征较为突出，譬如大下巴（现代人也有不少人有，俗称"地包天"）等让人印象深刻，民间画像只不过夸大这一特征而已。这并非笔者胡乱猜测，而是有逻辑理论可依。

首先，外国史学专家的客观评价。在美国学者牟复礼和英国学者崔瑞德编写的《剑桥中国明代史》中，他们虽然承认民间传说的"脸面有皱纹而痘点斑斑，颚部突出"，但也觉得朱元璋"看起来预示将来有不凡的质量"，认为朱元璋的气质神采非同一般。而在2005年出版的《剑桥插图中国史》中，美国学者伊蓓蕾质疑了民间丑化朱元璋的那些画像，她认为这些画像是画师的故意丑化，认为"太祖和其他皇帝一样英俊"。

其次，依据明朝十六位皇帝画像推测。从故宫所藏历代明朝皇帝的画像看，从明成祖到崇祯皇帝面貌大抵相若，而他们和宫藏的朱元璋像也都有几分相像。从明朝世系相传的面貌特征看，宫藏的朱元璋画像应该是可信的。

或许是为了体现阶级分析法历史观，在前些年出版的中小学历史课本上，也大都选撷朱元璋画像的民间版本而忽略宫廷藏本。但是这样的画像也会造成讹误传流广泛，以至于丑化朱元璋的那张画像会被后人笃定以为那就是朱元璋本人的真实写照。

虽然封建皇帝长什么样是件小事，但明晰历史事实，厘定评判历史人物的客观态度却是大事。在我们的历史观中，向来有脸谱化的倾向。

俱往矣。我们还是还原朱元璋的本来面目为好，在人们无法定夺朱元璋"真相"的时候，不妨像明孝陵那样，将朱元璋的宫廷画像和民间画像一并展示出来，让读者自己来判定。

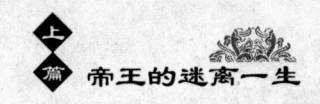

朱元璋陵墓夜半哭声

明孝陵，位于南京紫金山南独龙阜玩珠峰下的茅山西侧，是中国最大的帝王陵墓之一，为明朝开国皇帝朱元璋及其皇后马氏的合葬墓。

朱元璋老爹给他取的原名叫朱重八，带有一点小农意识。后来他娶了马氏之后，感觉这个名字太小家子气，为了与自己的身份相配，就又取了一个名字叫朱元璋。没想到改名之后，他的仕途一片光明，竟然成了吴王，最后一鼓作气，成了明太祖。

自古天子就带着点神秘色彩，朱元璋当然也不例外。传说他的母亲刚怀了他的时候，有一天晚上做了个梦，梦见一位白胡子老头给了她一粒仙丹。这仙丹放在手中闪闪发光，好像珍珠玛瑙似的。一开始，朱元璋的母亲舍不得吃，心想这么贵重的东西，一定能够卖个大价钱，于是准备藏起来。可白胡子老头不干了，他看朱元璋的母亲不吃那仙丹，就准备拿回去。亏得他母亲机灵，一口便吞了下去，醒来发现原来是做了一个梦，不过这个梦实在是真实，朱元璋的母亲满嘴留香。自从朱元璋的母亲吃了那颗仙丹，朱元璋在他娘肚子里就开始大长，出生时正好是夜里，红光从屋中泻出来，映红了整个院子。正因为这个不同寻常的征

兆，知道的人都说朱元璋这小子将来会封侯为将。可人家对这些都没兴趣，直接就朝那个光芒四射的皇帝宝座去了。

朱元璋当了皇帝以后，想起自己当年埋葬父母的艰难。为了让自己在百年之后有个安身的地方，就提前安排修建了自己的陵墓。出生平民的朱元璋对于自己陵墓的选址会不会毫不重视呢？

答案当然是否定的。朱元璋很关心他死后的"安乐窝"，为了这个"安乐窝"，他把身边的大臣召集起来，开了几次会。可是讨论来讨论去，众人始终不能统一意见，急得朱元璋的嘴上起了好几个大水泡。李善长一看，便和刘伯温、徐达、常遇春、汤和几位大臣商议，要为皇上解决后顾之忧。

经过众大臣的精心挑选，朱元璋的陵址很快就确定了，就是独龙阜玩珠峰。朱元璋一看，几个人的意见竟然这么一致，不觉心里又生疑了，他们几个不是一起来糊弄我的吧？于是，三天两夜没睡的朱元璋在风水先生的帮助下，研究独龙阜玩珠峰地势风水，这才确信该处确是埋葬自己的宝地，不仅可以荫及子孙，还可以保大明江山世代稳固。于是，他大笔一挥，就把独龙阜玩珠峰作为自己的陵址了，命人马上开始修建。

朱元璋的陵墓为什么叫孝陵呢？传说当时大臣们为他的这个陵墓，起了很多名字，可最后朱元璋一个都没看上。直到有一天，朱元璋正在午睡，他迷迷糊糊看到他的爹娘来到了他的面前，于是心里非常高兴，说："爹啊，娘啊，你们知道吗？儿子现在有出息啦，我当皇帝了！你们两个就是太上皇和皇太后了！我给你们修了一座富丽堂皇的祖陵，不会让你们再在人家的那一亩三分地里看人脸色了。"

朱元璋的父母很高兴，说："孩子，只要你有那份孝心，我们在地

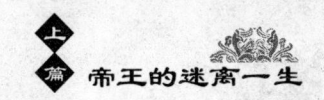

下也可以闭眼了。"说完，两个人飘然而去。朱元璋猛然醒了过来，正好此时，有负责修建陵寝的官员来问陵墓定什么名字，朱元璋说："就叫孝陵吧，我朱元璋以后要以孝治天下，把孝心发扬光大。"孝陵的名字就是这么来的。

明孝陵修建工程于洪武十四年（1381年）动工，整个工程先后调用军民10万人，至明永乐十一年（1413年）建成"大明孝陵神功圣德碑"，整个孝陵才算完全建成，历时三十余年。

朱元璋生性多疑，在他做了皇帝之后，生怕原来那些大臣要来夺自己的皇位，就杀了一批功臣，事后把自己的儿子、孙子统统派到各个地方担任一方的诸侯，掌管着军权、财政，让整个大明江山彻底成了他朱家的。

在政治上，朱元璋尚且如此多疑，那么在有关身后入葬的问题上，他会不会也搞出一些迷惑人的东西呢？

洪武三十一年，朱元璋去世。在他的遗体向地宫运送的过程中，就大搞了"迷魂阵"——在当时南京的13个城门同时出殡，规格形式完全相同。在朱国桢的《皇明大政记》中记载，说是那天"而发引，各门下葬"。这当然是朱元璋的伎俩，为的就是不让人知道自己究竟是葬在哪里。当然有人会说，不就是在他修建的那个孝陵里面吗？这难道还会有假？

朱元璋出殡不久，南京坊间就流传出孝陵只是一个衣冠冢，他实际是葬在朝天宫三清殿下。在清代浙东学派代表人物全祖望的《从朝天宫谒孝陵》中，也明确指出朱元璋就是葬在朝天宫。

在南京民间流传着一个传说，说当年朱元璋出殡之后，每到夜里，孝陵里面就会传出一个女人的哭声，尤其是在深夜，那哭声凄凉悲苦。有胆大的百姓，夜里就组织人去孝陵的地宫口处听个究竟，在女人时断时续的哭声中，他们这才知道了原委。原来这个女人是马皇后的灵魂，她说孝陵地宫里只是放了几件朱元璋的衣冠，他的尸体根本就没有安葬进来。马皇后孤孤单单一个人待在地宫里，思念自己的老公，才如此悲啼。可马皇后的难题百姓也解决不了，他们只好找了几个得道高人，为她做了一场法事，从此马皇后才没有了继续悲啼。

种种证据表明，朱元璋最终很可能没有葬在孝陵。但是，朱元璋究竟葬在哪里，在没有确凿的证据之前，这始终是一个谜。

朱元璋成功之谜

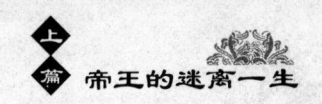

朱元璋从一个社会最底层的赤贫牧童，无依无靠的游方僧人，最后成就了帝业，这是一个传奇。很多人在思索，他凭借了什么得到成功呢？

传说朱元璋身边有一个神秘人物，这个人物是谁？就是刘伯温，刘基。那么刘伯温（即刘基，他字"伯温"，但民间都流传他的字号"刘伯温"，正名都被人忽略了）是怎样的一个人呢？他是如何出的山呢？关于刘伯温也有很多神话和传说。

在民间传说中刘伯温上知天文，下知地理，能掐会算，料事如神。元末刘伯温隐居在山中，在天下大乱之时没有出山，他在山中修身养性。有一天他正对着山思考，忽然见到山上有几个字——"山为基开"，意思是说这个山为刘基而开。他走上前去，这个山就出现了一道门，他再敲了敲这扇门，这个门又打开了，只见里面躺着一个道士模样的人，头枕着一部兵书。道士不用看就知道来的人是刘基，因为"山为基开"，别人是来不了的。他说我这枕着一部兵书，如果你明天早上能够把这部兵书背下来我就把兵法全部传授给你。刘基一目十行，过目不忘，第二天早晨他顺利地背下了兵书，于是这个道人就原原本本地把兵法传授给了刘基，刘基从此兵法通神。

刘伯温在中国民间的传说里几乎是半个神仙，他的料事如神、能掐会算、呼风唤雨让他变得神乎其神。真正的刘伯温真的有如此神奇吗？在历史中，他究竟是怎样的一个人物？既然他如此的神奇，为什么又非要到朱元璋的手下，听命于朱元璋呢？

历史上的刘基出山是在朱元璋打下金华以后。他听说浙东有四先生，这四个先生当时是天下名士。这四个先生，第一个就是青田的刘伯温，第二个就是龙泉的章溢，第三个就是丽水的叶琛，最后一个是浦江的宋濂。这四个人号称名士，朱元璋要得天下，就要网罗天下名士。朱元璋将这四个人请到军中，对他们说："我为天下，屈四先生。"这句话的意思是我请你们几位出山，委屈你们了，我不是为了我自己，我是为天下老百姓委屈你们。从这个话中看出朱元璋有悲天悯人之心，有同情老百姓的情怀，可能跟他曾经当过和尚心里慈善有关系。朱元璋出身贫寒，当时他的最高理想是解决自己的生计问题，要吃饭。而当他有了一定的权力的时候他要建立自己的事业，当他事业有一定规模的时候他要实现他的理想。这时的朱元璋不是简单的乱民首领，只是为了吃饭去投军，不是，他有救黎民于水火的理想。

《明史》对于刘基和朱元璋的关系是这样评价的："帝查其诚，任以心膂。"朱元璋看到刘基的忠诚，就把他当作心腹，"心"是心，"膂"是脊背，任以心膂。那刘基怎么对朱元璋的呢，也有一段话："基亦自谓不世遇，知无不言，遇急难，勇气奋发，计划立定，人莫能测。"刘基觉得能够遇到朱元璋这样一个明主真是千载难逢，"不世遇"，于是他就知无不言，在危难时刻勇气奋发，敢于承担责任，敢于冲上前去。"计划立定，人莫能测"，有多困难的事到他那儿一下子就摆平了，别人不能

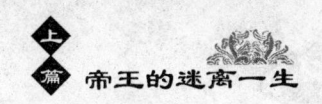

够猜测或者推测他的心思，指的是他盘算得非常深，有很多谋略。正是因为他在朱元璋军中发挥过很重要的作用，在很多关键的时刻帮助朱元璋解决危难，民间对他的传说是越来越神，简直把他神话了。

朱元璋毕竟是白手起家，底子薄，他的势力比起其他的各路红巾军实在是太单薄了。在这种情况下，一直想击败其他对手，并且推翻元朝夺取天下的朱元璋该怎么办呢？他又为什么在势单力薄的时候，找这么多手无缚鸡之力的读书人来部队里呢？

其实，在朱元璋的队伍当中还有不少的读书人在朱元璋的事业起步之初就来为他出谋划策。第一批来到朱元璋队伍当中的读书人是谁呢，是冯国用兄弟两人，他们来到朱元璋的队伍的时候是在朱元璋打下定远的时候。面对朱元璋的没有纪律，缺乏理想的红巾军队伍，冯国用兄弟向朱元璋谏言："有势者强，有德者昌。"有势力你可以称霸一方，但是你必须有德，有了德才能够昌，才能够发达，才能够成就大事。那么什么是德？德是跟势相比的，势是力量，德是道德，是精神。德就是不杀人，行仁义，不抢掠，不掠妇女，行仁义。能行仁义才能收天下之心，才能成就大业，如果你仅凭力量你只能暂时称霸一方，最终成不了大事。红巾军以前主要是烧杀、抢粮食、抢财富，朱元璋听到这里才豁然开朗。冯国用兄弟的建议，使这支红巾军队伍树立了更加远大的理想。

朱元璋是一介匹夫，无尺寸之地，无任何依靠，但是朱元璋的军队却很能打仗，战无不胜，这支军队的战斗力从何而来呢？是因为朱元璋的部下有能征善战的骁勇悍将，徐达、常遇春、邓愈、李文忠这些人都为他冲锋陷阵，浴血奋战。朱元璋善于识别人才，善于指挥利用人才，这些人都听他的。明朝开国第一功臣徐达，能征善战攻无不克，可是到了朱元璋面前就恭谨得不得了。徐达是帅才，可朱元璋就是能够驾驭徐达。有了这些能征善战的将领，为他冲锋陷阵，才有后来大明的万里江山。

有了将，还要有兵，兵从哪里来？农民穿上军装就是士兵。农民军队开始的时候就是乌合之众，要想做到令行禁止，不是一件容易的事情，但朱元璋就做到了。1358年，当时他的事业还不大，军中缺少粮食，朱元璋就下令节约粮食，其中一个重要的措施就是不许使用粮食酿酒，粮食都不够吃你还去酿酒，更何况这可是军粮。可是有一个将领的儿子违反了纪律，就拿了粮食去酿酒，这个将领是谁呢？胡大海。胡大海的儿子在军中酿酒，破坏了朱元璋立下的军纪，朱元璋大怒，要把胡大海的儿子杀掉。当时胡大海正在浙东前线作战，一位督师王海权说："主公，你不能在此时杀胡大海的儿子，如果杀了他的儿子，胡大海带兵叛变了怎么办呢？"朱元璋说："我宁可使胡大海叛变我，也不能让我的军令不行，杀！"就这样，朱元璋把胡大海的儿子给杀了。严厉的措施和坚定的决心，造就了一支铁军。胡大海很早就追随朱元璋参加起义军了，屡立战功。胡大海很遵守军令，曾说："我不是读书人，但是我就知道三件事：第一是不杀人，第二是不抢妇女，第三是不烧房子。"所以朱元璋杀了胡大海的儿子，要加强军队纪律，他非但没有叛变，反而变得更加忠诚。

这就是朱元璋和将士之间的关系，他能够驾驭将士，能够统帅军队，建立这个军队铁的纪律，造就了他夺取天下的强大力量。

朱元璋国号之谜

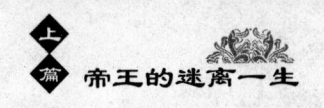

明朝的国号叫作"大明",这个"明"字是怎么来的?这与小明王有很大的关系。因为明朝的建立者朱元璋最初是参加的红巾军起义,红巾军共尊小明王韩林儿为主。后来,朱元璋建了"大明","大明"的"明"来源于小明王的"明",所以这两个"明"是同一个"明"。

那么,小明王的"明"又是从哪里来的呢?小明王的"明"来源于明教。明教也叫作"摩尼教",是公元3世纪的时候一个叫作摩尼的波斯人创立的。明教吸收了佛教、祆教、基督教的教义因素,它的经典有《二际三宗经》,宣传的是光明最终会战胜黑暗,众生就会脱离苦海。明教在唐朝武则天延载年间传到中国,经历了很漫长的发展时期,但是一直神神秘秘,为什么?因为明教宣传的是"弥勒降生,明王下世"。

一些反抗朝廷的人经常借助于明教来号召群众,所以明教常常遭到当政者禁止,时而浮出水面,时而又潜入地下。为了保护自己,明教又跟佛教拉上关系,和佛教的白莲宗拉上关系,最后就形成了白莲社。所以从唐朝、宋朝、元朝以来,明教是时而浮出水面,时而潜入地下,常常被用作反抗朝廷的武器。

红巾军起义的时候,韩林儿被刘福通拥立,号称是宋徽宗的八世孙,

自立"明王"。他们提出了两句口号,叫"山河奄有中华地,日月重开大宋天。"为了改善自己的生活状况,大批百姓投军起义。

元朝统治是以蒙古贵族为主体的统治,他们把汉人、南人放在被压迫的地位,"山河奄有中华地",就是要让汉人能够与蒙古人平等地生活,恢复中华。"日月重开大宋天",是以汉人为主体或者说汉人和各个民族平等生活在这样一个天下。当时天下的平民老百姓面临着两个问题:一是严重的阶级压迫,他们很贫穷,不断受到官府、富民的欺诈;二是民族的压迫,他们属于下等人,不能够跟蒙古人、色目人有平等的待遇。

小明王又宣传的是"弥勒降生,明王出世",出世以后就会给大家带来幸福生活,因此红巾军就奉小明王为主。为了韬晦,朱元璋在时机成熟之前也打着大宋小明王的旗号,号召军队夺取天下。投入红巾军,奉小明王为主,朱元璋就和小明王结下了不了之缘,也就与明教这个"明"字结下了不了之缘。

1367年,朱元璋的势力日渐强大,于是,他派出部将廖永忠接小明王韩林儿到自己的大本营南京,但在去南京的水路上,小明王却神秘地淹死。历史上,对于谋杀小明王的幕后凶手一直众说纷纭,朱元璋在这其中的嫌疑自不用多说。不过,朱元璋后来却仍旧沿用了小明王的称呼,定国号为"大明",他究竟是为了掩人耳目,避免被人怀疑杀死了小明王,还是另有原因呢?

这里有几个方面的原因。

第一,这么多人跟着朱元璋打天下为的是什么,为的是明王出世,盼望有一个明王来出世,他们希望"弥勒降生,明王出世"改变自己的生活命运。如果你现在把这个"明"字抛开,这些人是不是有点寒心了!

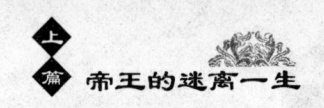

他们失去了目标了，大家干了半天为的是迎接明王，明王在哪儿呢？小明王没有了，为了凝聚人心，还需要有一个明王。所以"明"的口号不能扔掉，这个口号符合当时劳苦群众的意愿，虽然这是迷信，但是符合当时人的思想水平。

可是，朱元璋的队伍当中有相当多的读书人，知识分子，他们是以儒家的观念来指导朱元璋治国的。儒家的一个很核心的价值观就是"子不语怪力乱神"，儒家是反对佛教、反对道教、反对所有怪力乱神的，那么这些儒家知识分子为什么同意用"明"这个国号呢？其实在这些知识分子看来，"明"已经不是小明王的"明"，他们为这个"明"字做了自己的解释。

明是日月，中国古代从来就是祭日祭月，宣传皇权神授，这个"明"字堂堂正正。

第二，中国人相信五行之说。按照五行说，北方是水德，南方是火德，蒙古人是以水德取胜，南方的朱元璋是以火德取胜。我的这个火战胜你的水，火就是明，就是光明。

大家可以回想，在朱元璋出生的时候，有传说朱元璋伴随着火而降生，邻居都看到朱元璋家里的房子一片红光，以为是着火了赶来救火，结果发现，是生了个小孩。也有说法是朱元璋出生在寺庙里头，当时寺庙里头出现了一片红光，旁边的人也都误以为是这个寺庙着火了。这是什么意思？他们宣传朱元璋是得了火德，所以"明"在这些人的字眼儿里面已经把它赋予了新的含义，已经不同于小明王的"明"了。

第三，还有一个原因让朱元璋一定要把"明"这个位子占着。为什么呢，因为很多人都是奔着"明王出世"来的，小明王可以宣传"明王

出世"最后推翻了元朝，是不是还有人要反对朝廷呢，也宣传"明王出世"再推翻新的朝廷。肯定还会有这样的问题，但是不能够让别人再利用明王来反对我，朱元璋自己就是明王！所以他要占住这个位置，不允许别人再使用这个位置。谁是明王，我是明王，但我是大明。

还有一个细节需要向大家解释一下。我们说一个人起事，做什么事情都称自己是"大"，怎么小明王偏偏是"小"？实际上这个小明王的"小"是后来朱元璋给他加上的。朱元璋本身是大明的皇帝，别人不能比他大，所以他成事后一定要让韩林儿这个明王成为"小明王"。王朝的这个"明"字听起来的确很动听，但仅靠一个国号，生活已经困苦不堪的老百姓，会买朱元璋的账吗？全国上下无数双眼睛都在盯着朱元璋，看看他究竟要怎样收拾这个元朝遗留下来的千疮百孔的烂摊子。

朱元璋做了大明的皇帝，某种意义上应该算是"弥勒降生，明王出世"了，那么明王究竟会给老百姓带来什么样的生活呢？这个明王想要建立一个什么样的大明国？朱元璋在《喻中原檄》中提出了自己的建国纲领——"驱逐胡虏，恢复中华，立纪陈纲，救济斯民"。

这几句话孙中山先生曾经把它改造了一下，作为国民党的一个口号，"驱除鞑虏，恢复中华"，作为当时推翻清王朝，同盟会的口号。

朱元璋提出的"驱逐胡虏，恢复中华，立纪陈纲，救济斯民"，这里包含着几层意思。"驱逐胡虏"，推翻元朝统治，需要指明推翻元朝统治并不是说汉人要压迫其他少数民族，朱元璋曾说过"普天之下，皆朕赤子"。大家一视同仁，谁也不要欺负谁，谁也不要压迫谁，这是儒家的观念。在元朝把人分成四等，明朝没有按民族分等，是很大的进步。

"但有贤才，用之不弃。"只要是你有才能，我就能任用你，一视同

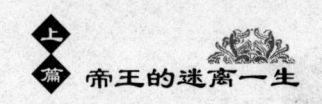

仁，一律平等。他提出"驱逐胡虏，恢复中华"，就是要推翻元朝的统治；"立纪陈纲，救济斯民"，就是要建立法治、整顿秩序，达到救济斯民的目的。老百姓生活得太苦了，要把他们从水深火热之中拯救出来。

这就是朱元璋的纲领，第一条推翻元朝统治已经实现了，第二条整顿社会秩序，还要着手去做，第三条要把老百姓从水深火热之中解救出来，也不是一件很容易做到的事。刚刚建国，面对这样一个战争之后的残破局面，朱元璋该怎么做呢？朱元璋曾说过这样一段话，他说：

"天下初定，百姓财力俱困，如初飞之鸟，不可拔其羽；新植之木，不可摇其根，在安养生息而已，惟廉者能约己而利人。"

其意思是天下刚刚太平，老百姓的钱财也都耗尽了，力气也都耗尽了。像小鸟刚刚学会飞你不能拔掉它的羽毛，像小树刚刚种下去你不能摇晃它的根，此时一定要安养生息，而且只有那些廉洁、自律、爱民的人才能够给老百姓带来好处。这是朱元璋对官员们说的一段话，包含着他"救济斯民"的理想。

明成祖朱棣：生前身后的谜团

帝王也有家，但他们的家庭却与常人不同。他们没有庶人柴米油盐的烦恼，却也少了常人的那几分温情。权力争斗往往伴随着血腥屠杀，可以说帝王很少有正常的家庭生活。明成祖朱棣以永乐盛世名传后世，他的一生也给后人留下了无数的谜团。

明成祖生母之谜

"母以子贵"出自《公羊传·隐公元年》，意思是说，母亲的身份因儿子的显贵而显贵。可是在明朝，明成祖则是"子以母而贵"，他多次强调自己是嫡出的，这是为何？他的生母究竟是何人？

永乐年间"赋入盈羡"，国力强盛，更有郑和下西洋的盛事，是明朝

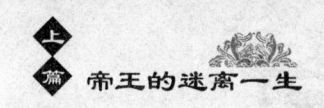

文治武功的鼎盛时期，永乐盛世名传后世，可关于明成祖的生母身份一直以来都是众说纷纭，到底谁才是明成祖的生母呢？

明成祖的生母是谁，至今学术界仍未有定论。朱棣出生之时，正值天下大乱，群雄并起之际。朱元璋尚未建立明朝，正在忙于争夺天下，当时尚无朱棣生母的争论。等到朱棣夺位以后，关于他的生母是谁的问题才突然敏感起来。自永乐年间以后，多个官方史书和野史上都对成祖生母问题有所记载和猜测。进入近代，李晋华、傅斯年、朱希祖、吴晗等一批知名学者都对这个问题进行了翔实的研究，就连陈寅恪这样的学术大家也对这个问题怀有兴趣，并给傅斯年提供相关史料。可见，明成祖生母问题确是一个相当重要的问题。尤其是对于实行嫡长子皇位继承制的明朝来说，这关系到嫡庶问题，并进而关系到帝位的合法性。对于后世人而言，明白了这个问题，也就多少会对明初的政治形势有所了解。

总体来看，关于明成祖生母问题的说法主要有以下三种。

马皇后说，这也是官方的说法，明成祖朱棣自称是孝慈高皇后（即马皇后）所生。马皇后，濠州红巾军首领郭子兴养女，凤阳宿县（今安徽宿县）人，元至正十二年（1352年）郭子兴将其许配给部将朱元璋。当年朱元璋曾受到郭子兴的猜忌，马氏多次从中调解周旋。明朝建立后，被封为皇后。朱元璋对她十分信赖，多次听从她的意见赦免了大臣过错，因此有人将她与历史上的贤后唐代长孙皇后相提并论。

《太祖实录》和《太宗实录》都记载朱棣为马皇后所生，后来的史籍如《明史》等正史也多因循这种说法。

问题是，除朱棣外，马皇后亲生皇子都有谁，又有着不同的解释。

一种说法认为马皇后生懿文太子、秦王、晋王、燕王、周王。朱棣在夺取皇位后，马上让人编了一部叫《奉天靖难记》的书，为自己篡夺皇位辩解。该书开卷就标榜自己是马皇后的嫡子："今上皇帝（指成祖朱棣），太祖高皇帝第四子。母孝慈高皇后生五子：长懿文太子，次秦王，次晋王，次今上皇帝，次周王也。"还有一种说法认为马皇后只亲生燕王，周王、懿文太子、秦王、晋王都不是马皇后亲生。其实仔细推敲就会发现，《太祖实录》为明成祖朱棣所修（明成祖为了抹杀自己即位前的事实，曾两次改修《太祖实录》，删减篡改之处甚多），《太宗实录》为明宣宗所修，其中自然也有粉饰的成分，当然会宣称朱棣为马皇后的嫡子。

另外，还有人认为马皇后根本就没有生子，这几个都不是她亲生的，只不过是抱过来抚养成人而已。

明成祖为马皇后所生的说法到了明中后期就受到了质疑，而硕妃说浮出水面。

这种说法的直接证据是《太常寺志》。太常寺是明朝管理祭祀礼乐的机构，负责皇家宗庙的祭祀。其中，对孝陵（即太祖朱元璋的陵寝）神位的记载如下：

"左一位，淑妃李氏，生懿文太子、秦愍王、晋恭王。右一位硕妃，生成祖文皇帝。"

太常寺是皇家机构，这样严肃的问题应该不会胡乱记载。明代文人对这种资料将信将疑，但还是觉得有合理的地方，万历时期的文人何乔远就持这种观点："臣于南京见《太常寺志》，云帝（明成祖）为硕妃所生，而玉牒则为高后第四子。玉牒出当日史臣所纂，既无可疑。南（京）

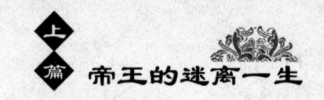

太常职掌相沿，又未知其据。臣谨备载之，以俟后人博考。"

明末清初的钱谦益和李清对这样的说法也无法判断孰是孰非。钱谦益当时是南明弘光朝的礼部尚书，李清曾任大理寺左丞，二人利用职务之便，于弘光元年元旦利用祭祀孝陵的时机，悄然打开孝陵寝殿，"入视果然，乃信"。

还有一个证据。朱棣在即位之后，在原天禧寺的旧址上翻盖新寺，取名大报恩寺，宣称是为了报答马皇后的养育之恩。但实际上寺中正殿的大门却经常紧闭，外人无法看见里面的情况，传闻里面供奉的其实是明成祖生母碽妃。

还有的学者考证当年建文帝之所以先削周王，是因为周王与朱棣是同母所生，故削周王而去燕王羽翼。周王与朱棣的母亲有可能就是碽妃。

元主妃洪吉喇氏说，这是民间更加流行的说法，即明成祖生母是蒙古人洪吉喇氏。洪吉喇氏是元顺帝的妃子，是太师洪吉喇特托克托的女儿。元顺帝败亡，朱元璋入大都（今北京）见洪吉喇氏貌美，就留在身边。传说她入明宫时就已经怀孕，所生的就是明成祖朱棣，因此朱棣是元顺帝的遗腹子，当然这只是民间的传说而已。徐达攻陷大都是至正二十八年（1368年），而朱棣生于至正二十年（1360年），两者相差达8年之久，这个传说不符合史实。应该是由于朱元璋刑罚过严、朱棣杀戮过重，从而导致民情激愤，因而编造谣言以发泄胸中的不满情绪，以至于以讹传讹。

朱棣非马皇后亲生而生母为碽妃的说法，经过明史专家谈迁、傅斯年、李晋华、吴晗等人的精细考证，已为大多数学者所接受。在这里，可以提供一条印证明成祖庶出说的史料。朱棣即位以后，销毁了一切有

关其夺位的不利史料，但他左右不了国外的史籍，而这条史料恰恰出自邻国朝鲜，其真实性是可以信赖的。洪武二十二年，朝鲜使臣权近一行曾在北平拜谒燕王，权氏著有《奉使录》记其事，其中有诗题云：

到燕台驿，进见燕府。先诣典仪所。所官入启，以是日先太后忌日，不受礼。命奉嗣叶鸿伴接到馆，七月十五日也。

此处"先太后"当是从汉制之称诸侯王母，显然指燕王自己的生母。诗题中明言太后忌日在七月十五日，事实上高皇后马氏的忌日在八月初十，显然不合。在洪武二十二年，还不存在嫡庶差别问题，故燕王即使对外国人也不遮掩其真实生母身份。所以，明成祖非马氏所出无可怀疑。那么，朱棣为何一再强调自己是嫡出呢？这是因为明朝实行嫡长子继承制，只有嫡子继承皇位才是深得人心的，否则会危及皇权的稳定。特别是朱棣是通过靖难之役，将建文帝赶下台后取而代之，更恐难以服众。他担心后人说他篡权，所以才千方百计强调自己嫡出的身份。这是一种此地无银三百两的伎俩，不足为奇。

到目前为止，明成祖的生母究竟是谁尚没有定论，不过通常认为硕妃的可能性较大。

明成祖迁都之谜

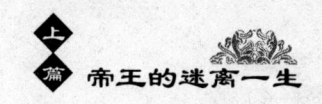

朱元璋建立明朝后，也曾想迁都汴都关中，只是年事已高，又不想劳民，才没有下决心从南京迁都。明成祖朱棣上台不久，即着手迁都北京。朱棣迁都北京的原因十分复杂，迁都的决定是各种因素的综合。

明太祖朱元璋起兵后，就有儒士对他说："金陵古称龙盘虎踞，帝王之都。"如果"定都建康，拓地江、广，进则越两淮以北征，退则划长江而自守"。不过明朝刚建立时，为有效控制各地，朱元璋又一度曾想定都汴梁，"以金陵为南京，大梁为北京，朕于春秋往来巡狩"。这时大臣纷纷谏言，或认为长安可作为都城，或认为洛阳更好，河东、汴梁也不差。直到洪武十一年（1378年），明朝才正式定应天府为京师。学者们认为定都应天，朱元璋更多是从经济上着眼的。不过，定都南京他也不是十分满意。他曾说："本欲迁都，今朕年老，精力又衰，又天下新定，不欲劳民。"意思是他有迁都的意愿，最后却又没有做，只能留给他的子孙们去完成了。

建文帝即位，忙于处理国内矛盾，还无暇顾及都城的位置是否合理。朱棣登上帝位不久，就决定要迁都北平。从永乐四年（1406年）起，他就派官员到四川、江西、浙江、山西等省采集木材、石料。同时，

征集全国优秀工匠及百万民工到北平，参照历代建都成规，仿照明太祖南京宫殿的样式，对北平进行大规模的改造。在北平改建的过程中，为了保证将来都城的物资供应，从永乐九年起，对运河进行了大规模治理，会通河的整治是其中最主要的工程。

永乐十九年（1421年），北平的改建基本完成。以紫禁城为中心，外面环绕着周长18里的皇城，再外是周长45里的京城，其宏伟壮丽，超越前代。这年正月，朱棣率文武百官迁都北平，诏令改北平为北京。从此，北京成为明清两朝的京城。

使人疑惑的是，南京的确是龙盘虎踞之地，有长江天堑，完全有资格做为一国的都城，明成祖为什么还要迁都北平？

自明末起，人们解释朱棣迁都往往从北京的地理位置和物产丰富的角度来看这一问题。如郑晓在《今言》中说："京畿负重山，面平地，饶鱼盐谷与果蔬之利，又转漕东南，财货骈集，天险地位，足制诸胡。"它的意思是北京是朱棣的龙兴之地，物产丰富，供给方便，朱棣迁都也是必然的。

近代以来，人们对迁都问题的认识走向深入。著名史学家吴晗认为迁都是抵御蒙古人入侵的需要，定都北京，可就近指挥长城一线的军事防御，抵抗蒙古的军事进攻，保证国家的统一，从这一点来说，"明成祖迁都北京是正确的"。很多人都支持这种观点，认为朱棣迁都与当时边防形势有关。朱棣有二十余年的藩王生涯，他在北方筑城、屯田，与北元打了多次仗，深深地体会到北元残余势力的威胁。所以朱棣一登上皇位，就马上确立了开拓进取的国策，在与北元接近的地理位置建都，把全国政治中心放在战争前线，与元人进行针锋相对的斗争，以求得边防

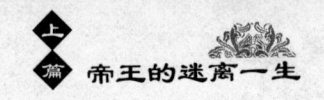

的安宁和王朝的巩固。北平的山川形势足以控制四夷制天下,可以俯视大河上下,兼顾漠北,还可放眼于东北的黑龙江、贝加尔湖一带,以及西北的哈密或更远的地域。

另有一种意见基本赞同朱棣迁都的主要因素是为了巩固北部边疆。永乐元年九月,贵州镇远侯顾成上奏,称云南、两广远在边陲,民间虽有变乱,不足系心。东南海道,虽倭寇时常出没,但都是一时的剽掠,只要令海防部队严加提防,也不足为虑。而北部的故元势力会成为明朝的主要威胁。朱棣对侯顾成的建议十分重视,从此以后他就有了迁都的准备。维护北部边疆的稳定,造福子孙后代,是他迁都的主要原因,因而他不惜耗费巨大的物力、财力、人力疏通运河,为北京输运粮饷。可见他营建北京宫殿、迁都的动机,主要出于当时政治、军事的需要。

也有观点认为迁都还有其他原因,如北京是燕王发迹之地,朱棣起事时的宿将谋臣,多为燕邸、北平都司及燕山三卫所属的将校,功成之后难免有思乡之情,长期驻在南京就不太合适。另一方面,朱棣的靖难之役,表面上看义正严词,但其得位后大量杀戮建文帝的臣子和家属,按照封建伦理,难免有失忠、恕、仁、义之嫌,这可能会给朱棣的心理带来一种不安的感觉。因此离开南京,将京师建立在自己熟悉的北京,心理上也会得到某种平衡。

有人指出,朱棣迁都不仅因为北京曾是他的藩邸,是他兴王创业的基础,还因为应天府(即今南京,也称建康)是他父亲朱元璋和侄子朱允炆做皇帝的地方。朱允炆是朱元璋所立的合法皇帝,却被朱棣用武力推翻。如果朱元璋死而有灵,他会不发怒吗?朱棣坐在他们两位曾经坐过的位子上心里会安宁吗?当他面对祖宗的陵寝想到死后要葬在朱元璋

身旁时不会感到自惭形秽吗？朱棣很讲究迷信，即位后多次请番僧大做法事，有一次法会做了七天七夜，可见想在冥冥中得到朱元璋的原谅，这就是为何他早在正式迁都之前便开始在北京营建陵寝的原因。另外，初登大位时，朝野汹汹，天下不稳，无人知道建文帝是否还在，朱棣十分担心反对势力会东山再起，因而很有必要巩固自己的皇位基础。为此他不仅大规模地向北京移民、屯田，安抚流民复业，同时又调集各地精兵至北京，以加强守卫力量。毫无疑问，永乐帝迁都的首要目的是为了巩固自己的皇位。

朱棣的"英雄之略"是想"控四夷以制天下"，使"远方万国无不臣服"，他一生的活动都是为了实现这个总目标。蒙元的黄金家族就是在这里君临天下的，雄心勃勃的永乐皇帝正是要追随他们的足迹，建立一个举世无双的庞大帝国。为此他多次亲征出塞，又遣将南征安南，而迁都就是实现其英雄之略的重要举动。

永乐帝迁都至今已近600年，"为什么要迁都"恐怕只有他自己才讲得清楚，这已经成了一个留给历史学家们争论的谜案。问题是我们看到了迁都对明王朝的安宁有那么多积极的作用，为什么要迁都其实已经显得不怎么重要了。明清两代直到今天，北京一直作为中国的政治中心的事实，说明永乐帝迁都的决策是十分正确的。

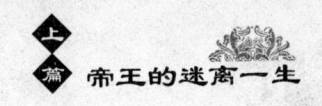

朱棣斩杀三千宫女之谜

在朱棣做藩王时朱元璋便为他册封了王妃，那便是开国功臣中山王徐达的长女。徐氏自幼贞静，好读书，朱元璋听说她贤淑，便对徐达说："我与你是布衣之交，古君臣相契者，率为婚姻。卿有令女，其以朕子朱棣配焉。"徐达听到天子赐婚，感到是莫大荣光，马上顿首谢恩。在洪武九年（1376年），朱棣正式册封徐氏为燕王妃。

在靖难之役中，朱棣颇得力于这位王妃。李景隆趁着朱棣带兵去攻打大宁时乘机围攻北平，当时世子朱高炽留守北平，形势危急，多亏了王妃徐氏的谋划。城中兵少，徐妃便组织将校士民的妻子参战，组成一批女兵，披上铠甲，登城拒守，终于坚持到了朱棣回师。

朱棣做了皇帝后，王妃被册为皇后。她常规劝朱棣与民休息，又劝朱棣对新旧官员不要有区别对待。在靖难之役中，徐氏的弟弟徐增寿因为把建文帝朝中的情报送给燕王，而被建文帝所杀。朱棣要追赠他官爵，徐氏反对。后来朱棣还是将徐增寿追封为定国公，并让其子袭爵，徐氏说这不是我的意愿，而不向朱棣谢恩。徐氏还曾将那些朱棣所倚重的大臣们的夫人召进宫来，让她们以民生为念，做好内助。徐氏还采辑《女宪》《女诫》，编成《内训》二十篇。又编了《劝善书》，颁行天下，以

教化人心。

徐氏于永乐五年（1407年）病逝，临终前她还劝朱棣要爱惜百姓，广求贤才，恩礼宗室，不要娇宠外戚。对于她的死，朱棣十分伤心，为她在灵谷寺、天禧寺举行了大斋，命群臣前来致祭，徐氏被谥为仁孝文皇后。后来朱棣在北京天寿山为自己营建了陵墓长陵，首先将徐氏安葬其中。从此，朱棣不再册立皇后。

朱棣还有两个心爱的妃子，一个是昭献贵妃王氏，一个是恭献贤妃权氏。王氏有贤德，侍奉徐皇后很恭谨，为朱棣所倚重。朱棣晚年性情暴躁，臣属动辄得罪，不论太子诸王公主还是大臣，都得到过王氏的庇护。徐氏死后，宫中一切大事实际都由王氏掌管。

权氏是朝鲜人，姿质浓粹，善吹玉箫，甚受朱棣宠爱。永乐八年（1410年），权氏随朱棣北征，在还师时死于山东临城。

说到权妃，还有一段长长的故事。

从元朝起，每年高丽都要向朝廷进献美女，明朝相沿不改。洪武时，后宫中就有不少高丽嫔妃。朱棣本人据说就是高丽人硕妃所生。到了永乐时期，朱棣仍然不断下诏派人到朝鲜（明洪武末年，高丽改称朝鲜）选秀女入宫。

永乐六年（1408年），因为朝鲜曾向明廷献马三千匹，朱棣派内使黄俨等人到朝鲜去，赏给朝鲜王廷花银一千两、纻丝五十匹、素线罗五十匹、熟绢一百匹。临行时，朱棣对黄俨说："你去朝鲜和国王说，有生得好的女子，选拣几名将来。"于是朝鲜王廷下令禁止私自婚姻嫁娶，同时广采童女，以备进献。但最初所选不合黄俨之意，因而明使便对当事者加以挫辱。朝鲜王廷只得分遣各道巡察司再选，同时通告各地："前者，不用心推选，多有漏报者。更于大小守令、品官、乡吏、日守两班、乡校、生徒、百姓各户，如有姿色，一皆采择。如有隐匿或有针灸、断发、帖药多方规避者，论如律。"对于各地所选的女子，黄俨等都要亲自过目。这一年被选中者共五名：工曹典书权执中之女，十八岁；仁宁府左司尹任添年之女，十七岁；恭安府判官李文命之女，十七岁；护军吕贵真之女，十六岁；中军副司正崔得霏之女，十四岁。她们连同从者使女十二名、火者十二名，被送往北京。上路之日，被选淑女的父母亲戚哭声载道。朝鲜人用诗来记录这些女子被选入宫中的情景："九重思窈窕，万里选娉婷……辞亲语难决，忍泪拭还零。惆怅相离处，群山入梦青。"

这五位淑女入宫后，权氏被册立为贤妃，任氏为顺妃，李氏为昭仪，吕氏为婕妤，崔氏为美人。她们的父兄也都被授予官职，如权妃的哥哥被授予光禄卿之职，但这些官是食禄不任事的。因为他们离北京实在太远，所以他们的俸禄由朝鲜王廷代发。

五女之中，永乐皇帝最宠爱权妃。史载权氏姿质浓粹，又善于吹箫。朱棣见到她，问她有何所长。她拿出随身携带的玉箫吹奏，窈渺多远音，朱棣大为高兴，立刻把她选拔在众妃之上。宁王朱权曾写宫词描绘道：

忽闻天外玉箫声，花下听来独自行。

三十六宫秋一色，不知何处月偏明。

鱿鱼窗冷夜迢迢，海峤云飞月色遥。

宫漏已沉参倒影，美人犹自学吹箫。

宫中的女官王司彩（司彩是掌管储藏缎匹的官），朱棣曾命她与权妃同辇而行，她和权妃很熟悉，她也写宫词歌咏道：

琼花移入大明宫，旖旎浓香韵晚风。
赢得君王留步辇，玉箫嘹亮月明中。

但是，权妃红颜薄命。永乐十年，朱棣率师出塞北征蒙古，权妃死在山东临城的回途中。朱棣极为伤心，将她葬在峄县，命令当地百姓出役看守坟茔，打算将来把她迁葬在徐皇后陵中。因为思念权妃，朱棣更加厚待她的哥哥，据说在授予他诰命时，朱棣不禁含泪伤叹，悲痛得说不出话来。

权妃突然死去，起初无人猜疑，但一次吕美人和权贵妃两家的奴婢在吵骂中却透露了不寻常的消息。权贵妃入宫时，皇后徐氏已死，朱棣让她接替皇后，掌管六宫的事。吕美人对此十分不满，曾面责权妃说："有子孙的皇后也死了，你管得几个月，这般无礼！"于是，吕美人串通宦官金得、金良，从一个银匠家里买来砒霜，研成末子，放进胡桃茶中送给权妃吃，权妃因而毙命。朱棣得知此情，大怒，将内官、银匠一并处死。吕美人罹刑最惨，朱棣命人用烙铁烙她一个月，最后才杀死。吕美人宫内的从人也一起被杀，牵连被株杀者达数百人，朱棣还逼朝鲜王廷将吕美人的母亲抓来杀了。但这实在是一个冤狱，直到永乐晚年才大白于天下。

原来，权贵妃、吕美人等被选入宫后，又有商人之女吕氏被选入宫。吕氏因与吕美人同姓，欲相结好，但吕美人不同意，吕氏因而怀恨在心。后来权贵妃猝死，吕氏便乘机诬告吕美人毒死了权妃，以致造成上述的惨案。

后来，吕氏和宫人鱼氏行为不检点，与宦官私通。朱棣虽有所察觉，却因宠爱吕、鱼二人而未做处置。但是二人知道隐秘泄漏后，惧罪自缢。这一下事情就闹大了，朱棣认为坏事都因吕氏所起，便把吕氏的侍婢都拘来审讯。这些侍婢不胜拷掠，便违心认罪，说是要谋杀朱棣。一下子问出了大逆之罪，于是引发了一场刑杀大祸，连坐被杀的竟达两千八百人。行刑之日，朱棣亲临刑场监督，要眼看着将她们一一剐死。有的宫人临刑时当面大骂朱棣说："你自家阳衰，所以人家才和宦官私通，这有什么罪？"朱棣为了惩戒后人，让画工把吕氏与小宦官相抱的情况画下来，但是，他却命人将鱼氏葬在寿陵的旁边。

该案初发时，朝鲜人嫔妃任氏、郑氏便自缢而死。黄氏、李氏被鞫处斩。黄氏死前援引了很多人，李氏说："反正都是死，干吗要牵连别人！要死我自己死！"终于不诬一人。该案朝鲜诸女大都被诛杀，只有崔氏在南京而幸免。朱棣曾命南京的宫女北上，崔氏因病未成行。残杀开始时，韩氏被幽闭在空室，好几天不给饮食。守门宦官可怜她，有时在门口放些吃的，因而没有被饿死，但她的从婢却全部被杀了。韩氏的乳母金黑也被囚于狱中，事后才得以赦免。

永乐十九年四月初八庚子日夜晚，雷雨交加，奉天、华盖、谨身三大殿被雷击中起火，宫人力救不及，经十余年耗尽民财才修建成的壮丽宫殿，就这样化为灰烬，很多人丧身火海。宫人们却庆幸火灾的发生，认为天降的大火可能会使皇帝的虐杀稍稍收敛。当时的人们信奉天人合一的理念，认为人事有错误，天才震怒降灾。

第二天，朱棣就下了一道诏书，对上天的惩戒表示自责。

朱棣认错反省的态度显得极为诚恳。到了十三日，朱棣再次下诏，宣布将"见有不便于民及诸不急之务者，悉皆停止，用苏困弊，仰答天

心"。然而，后宫的杀戮却不在他的反省范围之内，朱棣"恣行诛戮，无异平日"，并没有停止对后宫的诛戮，先后因二吕之案被杀的竟有三千多人。

朱棣如此狂杀滥诛，还有一个原因。朱棣晚年宠爱贵妃王氏，甚至有立王氏为皇后之意。王氏的死，使朱棣痛悼不止，更加重了他的"丧心风"病。自此以后，朱棣处事更多错谬，用刑也更加残酷了。

朱棣甚至在临死前的几个月还要求朝鲜进献美女，而这时朱棣已经是六十五岁的老人了。

然而，这些可怜的秀女，不论是何处选来，也不论受宠与否，最后在宫中也难免一死。原来，明朝初年仍然保持着为皇帝殉葬的制度。朱棣死时，殉葬的宫人有三十余人，最受宠爱的韩氏和在吕氏惨案中幸免于难的崔氏亦在其列。殉死那天，宫中赏她们一顿酒宴，随后，她们被领入大堂，这时大堂上已经安置好了许多小木床。在震天的哭声中，宫人们一个个被强迫站在木床上，把头伸进吊好的绳套中。站在一旁的宦官将床一撤，宫人们便升天了。韩氏死时，呼喊着自己的乳母说："娘，我去了！娘，我去了！"喊声未绝，床已撤去。虽然殉葬者的家属被称为朝天女户，受到优恤，殉葬者也会得到好听的谥号，并被葬入皇陵，但这又怎能补偿她们被断送的青春和被虐杀的生命呢！

对于朱棣怒斩三千宫女的缘由，一些学者从病理学的角度来剖析他的异常行为，认为朱棣之所以如此残杀无辜，可能和他晚年所患疾病有关。据官修的《明史》及《实录》记载，明成祖晚年患疾病，容易狂怒，发作时难以控制，甚至歇斯底里，再加上他本就生性残忍好杀，所以便变得更加狂暴异常。

朱棣后宫之谜

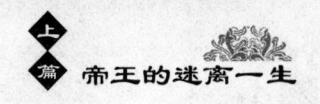

与多子的父亲不同，朱棣只有四个儿子，三个是徐皇后所生。老大就是朱高炽，被立为太子，即后来的明仁宗，老二叫朱高煦，老三叫朱高燧。朱高煦被封为汉王，朱高燧被封为赵王，还有一个朱高燨历史上没有明确记载。史载，徐皇后在世的时候，就曾经对朱棣说，老二老三这两个人性子不好，且又不好好读书，将来肯定是个麻烦。朱元璋曾经把皇子皇孙都请到南京来读书，朱高煦不读，因为本性凶悍，不喜欢读书。"不肯学，言动轻佻。"这个朱高煦据说个子很高，身长七尺，善于骑射。他的肋下有两块肉，长得有几片像龙鳞似的，很特别。他是性情暴躁，很不顺从的一个人。

有一次朱高煦、朱高炽与赵王朱高燧，他们一起到天寿山去看他们生母的陵墓，当时还在营建过程当中。那日天冷路滑，很是不好走，所以汉王就说把步辇放下，大家都走着去吧。太子脚上有病，且人很胖走不了，遂只能由两个宦官扶着他走，有时不小心还会摔跟头。这时汉王就在后面冷嘲热讽道："前人磋跌，后人知警。"而走在他后面的朱高燧马上回敬道："更有后人知警也。"可见皇室当中，暗中的争权夺利在日常生活中都已然表现出来了。

再说说这个赵王。永乐二十一年（1423年），朱棣身体已经不好了。赵王曾经勾结宦官打算给朱棣下毒药毒死他，然后从宫中下伪诏说让他继位。但是这件事情被暴露了，赵王后来遭到了朱棣的斥责。太子朱高炽求情说赵王肯定不知道这件事，都是手下人所为，请求朱棣放赵王一马。经过这件事后，赵王有所收敛，但他仍是一个不安定因素。

渐渐老去的朱棣对这几个儿子的过分举动伤心不已，但所幸，在他心爱的徐皇后死后，他还有别的后妃。那么，这样一个盛世之下的君王，他究竟有哪些后妃？这些后妃究竟都是怎样的呢？

朱棣除了徐皇后之外，还有两个心爱的妃子，一个是昭献贵妃王氏，一个是恭献贤妃权氏。王氏贤德，在徐皇后死以后一直主持六宫的事务。她有比较强的管理能力，人也很贤德，很多六宫之中的矛盾、内外关系都由王氏予以协调。权氏是朝鲜人，按照元朝留下来的惯例，皇宫要到朝鲜去选妃，选秀女。到明朝洪武年间、永乐年间仍然沿袭这个习惯，每年到朝鲜选取女子入宫，这里头有权氏、尹氏、李氏、吕氏、崔氏。在这五个朝鲜女子当中，朱棣最喜欢的是权氏。权氏有什么特点呢？史书上说叫"资质浓粹"，用现在话说气质非常好，浓粹是非常娇艳，非常美，而且权氏懂乐器，会吹箫。

但是这个权氏"享年不永"，活得不长。永乐十年（1412年），朱棣北征回还。永乐八年朱棣曾经带兵第一次攻打蒙古，打到了漠北。永乐十年回还的时候，在回南京途中，权氏死在了山东，这说明朱棣在出征的时候也带着权氏。权氏死后，明成祖非常悲痛。据说当时他把权氏的哥哥请来，见到权氏哥哥的时候就悲痛得说不出话来，看来朱棣这个人也是有多情的一面。

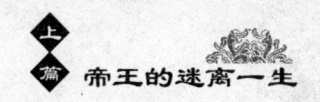

他也有残暴的一面，他为什么残暴呢？有人分析朱棣是有一种偏执的性格。很多集权者都有偏执的性格，据说朱棣得了一种病，叫"丧心风"病，他只要一犯病，整个人就会变得很暴躁、很固执、很残暴，所以晚年的他表现得异常残暴。

朱棣死的时候，三十多个嫔妃宫女都被杀了殉葬，明朝的殉葬制度一直到了明英宗第二次执政的时候才废除。

当走出朱棣的后宫，我们看过他坐在紫禁城里威严的一面和多情的一面之后，朱棣65年的传奇人生也该走到尽头了。但即便是在人生的最后一刻，朱棣仍旧演出了传奇的谢幕。他没有死在皇宫，也没有死在北京城，而是死在了遥远的塞外。在他死后许久，整个王朝上下竟然几乎没有人知道他的死讯。究竟是发生了什么，让朱棣的死如此神秘呢？

永乐二十二年（1424年），朱棣在文武大臣的坚决反对之下一意要亲征蒙古。可是这次去打蒙古，出塞以后，找不到敌人。为什么？鞑靼首领阿鲁台很滑头，一听说朱棣要来征讨，早就带着眷属往北逃走了，根本见不着人，所以朱棣一行人马只好回还了。

在回程的路上，朱棣看见那些以前出征将士的白骨，感到心情惨然，这样就回师了。在回师走到榆木川的时候，朱棣就死了。

当时形势很危急，六师在外，国中无主。尽管有太子，还有想夺权的汉王和赵王呢，如果这时让人知道了朱棣死在外面的消息，很可能会引起天下大乱。金幼孜、杨荣还有宦官马云共同商议决定秘不发丧，然后下令把军中的锡器全都集中起来。锡器的熔点很低，把它熔化了，做成一个椑，就是一个棺材，然后把朱棣密封起来。再把锡匠杀了灭口，不让消息传出。六军照常行进，每天照常给朱棣进膳，然后派人密报北

京，这就是朱棣的传奇之死。

　　朱棣享年65岁，埋葬在北京天寿山长陵。一代雄主，就此告别人世。朱棣虽然不是开国之主，但是他对明朝的基业有开拓之功。如果没有他的开拓，明朝的制度和规模就没有这么宏远和庞大，这就是他在历史上的地位。他继承了朱元璋的事业，进一步向前开拓，奠定了明清两代的政治格局，对中国历史产生了重大影响。他既是一个简朴勤政的皇帝，又是一个残暴的帝王。他是一代雄主，又有不可忽视的缺点。

　　一代雄主明成祖朱棣，就这样在塞外的茫茫草原结束了他65年的传奇人生。无论是他篡夺侄子建文帝的皇位而留下的众多的争议，还是他缔造的一个彪炳史册的"永乐盛世"，这样一个皇帝传奇的一生都在中国历史上打上了深深的烙印。

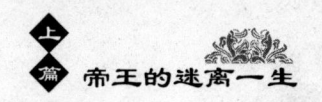

朱棣起兵谋反之谜

大家都知道，朱元璋是明朝第一个皇帝，第二个皇帝是他的孙子，第三位皇帝又是他的儿子，这第三位皇帝就是朱棣。朱棣是他的大名，我们在提到这个人的时候，常称他为明成祖。但是，这个"明成祖"是明代晚期给他的谥号，也就是嘉靖年间他才开始叫明成祖。朱棣死以后，他最初并不叫明成祖，而是称为明太宗。朱棣还有一个谥号，叫文皇帝。所以说，明成祖文皇帝朱棣，明太宗文皇帝朱棣，都是同一个人。

这位被称作"明成祖"和"文皇帝"的大明天子，究竟是怎样一位人物？他究竟有着怎样的过去？他为何会篡夺他侄子建文帝的皇位？他又何以会成就日后的"永乐盛世"？

朱棣生于元朝末年，元元至正二十年（1360年）。他在11岁的时候，也就是洪武三年被封为燕王。燕王的封国在哪儿呢？在北平。大家会说，北平这个名字太熟悉了，北平就是现在的北京。那么这个北平，最早是什么时候开始这么叫的呢？朱元璋时期。朱元璋派军队北伐，推翻了蒙古贵族为主体的元朝统治，元大都就改为北平。朱棣21岁的时候就藩北平，什么叫"就藩"呢？就是到他的封国去，也叫作"之藩"。也

就是说，他在 21 岁的时候从南京来到了北平，做燕王。后来到建文元年，也就是在他 40 岁的时候，发动了一场战争，这个战争叫作"靖难之役"。然后，朱棣在 43 岁的时候登上了皇位。

看过了明成祖朱棣的这个简历之后，我们有了太多的疑问：朱棣到底有多少军队，竟然敢于发动这样一场可能招来杀身之祸的战争？朱棣所宣扬的这个"靖难"，究竟是什么意思？他的封地为什么会在离首都南京非常遥远的北平呢？

讲"靖难"，我们就不能不提一个人——和尚姚广孝。当年，在朱元璋的身边有些僧人，他也给自己的每个亲王配备一个主录僧人，辅佐他，做一些佛事、法事。被安排在朱棣身边的这个人就是姚广孝，法名道衍，所以又称为僧道衍。朱棣就藩北平，僧道衍要求跟随朱棣一同来到北平。僧道衍对朱棣很了解，僧道衍有一次说，你把我要在你的身边，我会送给你一顶白帽子戴。什么意思呢？朱棣本身是亲王，"王"字上面要加一个"白"的帽子，就是"皇"啊。朱棣心知肚明，两人一拍即合。

僧道衍是个什么人呢？他本是元朝末年的读书人，但是这个读书人仕途失意，就出家了。可胸怀大志的他这时来到燕王身边，是一定要做一番事业的。这个人是面如病虎，但他实际上却有着非常凶猛的力量，长着一双三角眼，有人说这是充满智慧的象征。

就是这样一个僧道衍，他又向朱棣推荐了两个人，一个叫作金忠，一个叫作袁珙。我们先来说说这个袁珙。袁珙是一个善于相面、算卦的人，尤其是他的卦非常灵。姚广孝把他推荐到燕府，要想安排在朱棣的身边，朱棣就要测一测他的卦是不是真灵。有一次，朱棣带了十几个卫

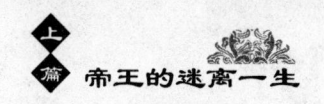

士来到大街酒肆饮酒，事先袁珙就在这个酒肆等候。朱棣这一行人进到酒店，袁珙老远地看见，冲过去就趴在地上，"大王，您怎么跑到这儿来了？""哎，你怎么说我是大王啊？我跟他们一样是士兵。""您不要欺瞒我，我一看就知道您相貌不凡。"第一次测试，你想想一个亲王和周围的士兵，他气质肯定不一样，别说袁珙，一般人也能看得出来。不管怎么说，袁珙在这第一次测试当中胜利了，后来袁珙就成了朱棣身边的一个谋士。袁珙说："将来您年过四十，胡须过胸，就能登上皇位了。"朱棣说，这个话可不能随便说！心里头可以想，不能够明说。僧道衍推荐第二个人是金忠，其实金忠是袁珙的一个朋友，金忠也是善于算命，后来被推荐到燕王府中。

姚广孝、袁珙和金忠之所以都用将来夺取政权、当皇帝来诱导燕王朱棣，实际上是他们看清了当时天下的形势，他们不过是想借助天命来引导燕王去夺取政权。朱元璋晚年，秦王已经去世，晋王也已经病故，在亲王当中年纪最长的就是燕王。燕王本身又有带兵作战的经验，可能会给皇帝造成最大的威胁。所以，在朱允炆登基做皇帝的时候，他所面对的就是这样一个有计谋、有勇略、有作战经验的强悍的燕王。

姚广孝等人在建议燕王造反夺权以后，燕王就下定了决心。各种奇人异士到了燕府当中，在燕府里偷偷打造兵器。

即使燕王朱棣千方百计地掩盖他谋反篡位的意图，但是朱棣在北平所能控制的范围也仅仅是燕王府而已，整个北平城仍旧在朝廷的掌控之下。而且，朱元璋在许多年前就已经创立了像锦衣卫这样的特务机构，他们在整个大明王朝从来就是无孔不入的，朱棣谋反的消息难道就不会

走漏风声吗？这一切究竟能否逃得过朝廷密探的眼睛呢？

俗话说，世上没有不透风的墙，燕王府的这些行动早就被朝廷安插的人上报了，所以朝廷对燕王府的行动有所觉察，双方都在做准备。燕王为了迷惑朝廷，怎么办呢？他装疯。大热的天，他围着火炉，穿着很厚的衣裳，有的时候冲到街上去，见人说胡话，抢别人的饭就吃，在大街上躺着，总之要给别人一种假象，觉得这样的人没有夺权的野心，也不可能夺权。

但是，燕王企图造反的阴谋还是暴露了，建文元年（1399年）六月，燕王府的一个百户叫作倪亮，报告燕王府有异常动作，于是朝廷下令，要捉拿燕王府下面的一些官员。过去，要是朝廷要对亲王有所处罚的时候，不能直接处罚亲王，而要通过处罚亲王身边的人，对他加以警告，所以朝廷下旨，要求燕王把造反逆谋的这些人交出来。朝廷派了人，像北京的按察使、北京都司的都指挥张昺、谢贵这些人，还有一个北京都指挥使司的指挥使叫作张信，准备对燕王下手。

但是这个张信把情报出卖给了燕王，张信得到朝廷要对燕王下手的消息以后，回到家里坐卧不安。他的母亲问他出了什么事，张信是个孝子，就把这个事情原原本本地告诉了他的母亲，他的母亲不同意他反燕王。张信想来想去，第二天就坐着一顶女人坐的轿子进了燕王府，见了燕王说："我知道你要造反，朝廷让我来抓你。"燕王说："没这回事，我都病成这样了，还能造反吗？"张信说："你不要瞒我了，我诚心诚意来向你报告，如果你要是想造反有什么话你就对我实说，不然的话我就按照朝廷的旨意把你抓走。"于是，燕王就得到了朝廷的确切情报。

在准备动手之前,他还有一番戏要做。他身边还有一些人,这些人能不能都跟随自己打仗?他把这些人叫到身边,说:"你们看,朝廷现在要对我下手,与其这样,我还不如自杀,表明我忠于朝廷的心迹。"这时候有一个他身边的将领叫作张玉,张玉说:"你这是妇人的行为,是匹夫之勇,我们为什么不能拼一拼呢?"还有一个叫朱能的,朱能说:"我们首先控制了北平九门,他人多可以胜利,我们天助也可以胜利!天命在我们这儿,谁也不能阻挡。"朱棣一看身边的这些人都同意他起兵造反,心中高兴得就别提了。

就在这时,刮起一阵大风,把房顶上的瓦都掀掉了,哗啦一下子碎了。朱棣一看,说:"我要准备起兵了,天就刮风把我的瓦刮掉了,真是不祥啊!"姚广孝哈哈一笑道:"这真是好事。"朱棣说:"这是什么好事?你这个和尚,休要乱说话。"姚广孝说:"你看这个瓦是黑色的,说明老天爷想让你这个瓦换颜色了,要换成黄瓦了!"姚广孝这些人用各种方法坚定了朱棣起兵的信心。

起兵造反,要有一个理由,要把自己不正确的东西说得很正确,不合理的说得很合理。有人建议,把反朝廷叫作"讨伐"。怎么能用"讨伐"呢?你是亲王,在南京坐的是一个合法的皇帝,你怎么能讨伐他呢?不行,要改变用词,叫作"靖难"。为什么叫"靖难"呢?说朝中出了奸臣了,皇帝有难,我要去解救皇帝,叫"靖难"。朝中出的什么奸臣呢?这些奸臣给皇帝出坏主意戕残骨肉。这时朱棣引用了朱元璋留下的《祖训》作为条文,说"朝无正臣,内有奸恶,必调兵讨之,以清君侧之恶"。朝中没有正臣,出了奸恶,亲王可以讨伐这些奸臣,这是朱元璋留下的祖训,于是这场被叫作"靖难之役"的战争打响了。

建文帝朱允炆：生死未卜，人间蒸发

关于建文帝的生死和下落从古至今一直众说纷纭，争论不休，每一种说法都只能说是一家之言，因为没有哪一种说法有十分确凿的证据，历史就是这样，也许建文帝的生死与下落真的如其他历史之谜一样，是一个永远也解不开的千古悬案。

建文帝朱允炆出家为僧

建文帝朱允炆是明太祖朱元璋的孙子，已故太子朱标的长子。朱元璋早年立长子朱标为皇太子，由于朱标早逝，朱元璋便改封长孙朱允炆为皇太孙，让其在自己百年之后，继承皇位。但是，对于朱元璋的安排，有一个人极为不满，他就是朱元璋的四儿子燕王朱棣。朱棣早年随父亲

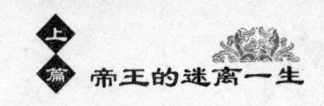

东征西讨，为大明王朝的四方安定立下了不少汗马功劳。洪武三年，朱元璋封朱棣为燕王，负责统帅重兵，驻守北平，以防蒙古骑兵进犯。

朱棣在朱元璋的众多儿子中才华最为出众，而且胸怀大志。起初他对父皇选立长兄朱标为太子不好说什么，但是朱标死后，朱元璋又立懦弱无能的皇长孙朱允炆为太子，却引起了朱棣的强烈不满，他数次在朱元璋的面前诋毁朱允炆如何懦弱无能，绝非可托天下之人。朱元璋虽然心中也明白，论文武才华，四子朱棣都要远远高于长孙朱允炆。但是他为了维护自己确定下来的皇长子继承制度，也要坚决地支持朱允炆做自己的继承人。有一次，朱元璋为了展示皇太孙的才华，命他在诸皇子和大臣的面前对诗，朱元璋出的上句为"风吹马尾千条线"，朱允炆想了半天终于对出一句"雨打羊毛一片毡"。虽然句子看起来也还算工整，但毫无意蕴。朱元璋大为不快，这时燕王朱棣随口吟出一句："日照龙鳞万点金。"一股王者霸气直惊得在座的人目瞪口呆，朱元璋也连口称赞，但这也增加了他对皇太孙日后帝位的担心之情。

洪武三十一年（1398年），71岁的朱元璋去世，依照他生前留下的遗诏，由21岁的皇太孙朱允炆继位，年号建文，也就是历史上的明惠帝。

朱元璋在位之时，为了巩固大明王朝始终掌握在朱姓子孙的手中，他先后分封自己的子孙为藩王，分驻全国要害之地。这些分封藩王都手握重兵，称霸一方，朱元璋在世之时，还都老老实实，不敢有什么非分之举。但朱元璋死后，他们根本不把懦弱无能的建文帝朱允炆放在眼里，个个飞扬跋扈，不服从中央皇权的管辖。为了解决地方藩王对中央皇权的威胁，建文帝采纳了齐泰、方孝孺等人的建议，厉行削藩之策。他先是派兵进抵开封，软禁了周王朱橚，将其废为平民；接着又发兵湖南、湖北除掉了岷王朱便、湘王朱柏，此后，又先后将齐王朱博、代王朱桂等人囚禁。皇帝削藩，地方藩王纷纷被削夺爵位，或被废为平民，或被禁为囚徒，一时间闹得是沸沸扬扬，怨声载道。这一措施严重损害了地方藩王们的切身利益，几乎所有的诸侯王都对此不满，尤其是手握重兵，觊觎帝位的燕王朱棣。

燕王朱棣早就有起兵反叛、夺取帝位之心，只是苦于没有借口，这次皇帝朱允炆削藩弄得天下诸侯怨声载道，对于燕王来说简直是一个千载难逢的好机会。建文元年（1399年）七月，燕王朱棣便以清君侧为借口发动了"靖难之役"。虽然名义上是要帮皇帝清除身边的奸臣，其实际上是起兵反叛。燕王起兵之后，建文帝慌了手脚，急忙征调各地方的军队入京。但是，由于建文帝削藩以来，地方诸侯已被他得罪殆尽，所以，地方诸侯纷纷投向燕王帐下，背叛了建文帝。建文帝手下的文人不少，心腹齐泰、方孝孺等人也都是文人腐儒，虽满腹经纶，但不会带兵打仗。就这样，燕王的军队没费多大的力气，很快就打到了南京城。建文帝见大势已去，下令火烧皇宫。燕王朱棣攻入皇宫之后，命人仔细搜查寻找建文帝，宫里的太监说建文帝在万般无奈之下，跳入火中自焚了，并从火堆里找出一具尸体指认说是建文帝。朱棣假惺惺地痛哭一番，说自己并不是要皇上死，进京只是要清君侧。然后，以皇帝礼将其厚葬。但是，在正史的文献中，却没有任何有关建文帝陵寝的记载，而且后来的崇祯皇帝也曾亲口说过建文帝无陵。

废墟中的那具焦尸到底是否就是建文帝，建文帝到底有没有死，没死的话他又逃到了哪里？对于这一系列的问题，朱棣本人也一直在怀疑，后世史家和民间传说更是众说纷纭，离奇万分。

一种说法认为，建文帝并没有死，而是逃出南京，到了贵州的一个

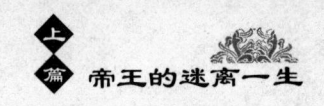

寺庙当了和尚。据说，燕王朱棣围城之后，建文帝叫天天不灵，叫地地不应，为防被俘受辱，建文帝决定自尽殉国。这时，突然有一个太监跑了过来告诉他，太祖皇帝临终前曾经交给他一个密匣，并叮嘱他如果皇上遇到危难，才可以打开匣子。建文帝听后，急忙命这个老太监取来密匣，打开一看，里面装有三套袈裟，三张度牒，一把剃刀，三张度牒上分别写着应贤、应能、应文三个名字。应文指的是建文帝朱允炆，应贤、应能分别是指建文帝的心腹近臣叶希贤、杨应能。

匣中还有一封信，上面写道"应文从鬼门出，余从水关御沟而行，薄暮，会于神乐观之西房"。建文帝一看，才知道太祖皇帝早就预料到自己会有今天，传此密匣，告知自己剃发为僧从密道出逃保命。按照密匣的指示建文帝剃发做了和尚，从鬼门逃出宫去开始了浪迹天涯的游方僧人的生活。

建文帝化装出逃，皇后马氏为了掩护他，命令太监放火烧城，然后自己跳入火海，自焚而死。第二天朱棣攻入皇宫之后，搜寻建文帝的下落，太监、宫女们迫于压力，便谎称建文帝已自焚而死，并指认皇后的尸体为建文帝，因为此时火中找出的尸体已被烧得面目全非，难以辨清，就这样朱棣信以为真，没再追究。

有人甚至还找到了建文帝出家后的隐居之所——贵州安顺平坝县境内的高峰寺。据《平坝县志》记载：高峰山寺内斋堂地下有一个藏身洞，洞底有一块石碑上刻有"秀峰肇建文迹尘知空般若门"的铭文，此外，寺中的另一块石碑上刻有开山祖师秀峰收留建文帝的经过。以此，后人推测此处就是建文帝出家之后的归宿之地。

还有人认为，建文帝出逃之后没有去贵州，而是就近在兰溪市东山上的一座古寺归隐。东山又名皇回山，是金华山脉的一支，寺院里的和

尚世代口传建文帝在此削发隐跸的传说，并说寺院中还保留有建文帝的隐居之处和古碑遗迹。在寺院的大殿内，塑的是身穿袈裟的建文帝像，左右两旁分别为伴建文帝出家的杨应能、叶希贤两人，殿内的后壁绘有建文帝逊国出逃的路线。此外寺院内还保留有建文帝出家后所做的几首诗："百官不知何处去，惟有群鸟早晚朝""尘心消尽无孝子，不受人间物色侵"。诗中意蕴饱含仓皇出逃，归于世外的无奈和忧伤，为建文帝归隐于此，又添一证据。

另一种比较流行的说法，就是建文帝从南京城逃出之后，辗转来到泉州，流落到海外。据说明成祖继位之后，派郑和下西洋，就是为了寻找流落海外的建文帝。传说，建文帝从密道中逃出京城之后，见前往北方的道路都被燕王的军队围阻，因此不得不化装南下，辗转来到武昌罗汉寺。罗汉寺的住持达玄和尚，看过建文帝的度牒后，赶紧将建文帝引入寺中躲藏。过了一段时间后，建文帝等人见此处易于被燕王的爪牙发现，他们又在达玄和尚的指引之下坐船前往泉州开元寺，然后辗转逃到海外。据《泉州开元寺志》记载，当时泉州开元寺的住持念海和尚正是罗汉寺住持达玄和尚的弟子。建文帝隐匿于泉州开元寺中，派人寻找出逃海外的机会。终于有一天，他们坐上了一个阿拉伯商人的货船，随行来到印度尼西亚的苏门答腊岛，开始在此隐居。据说，当地的华人，至今仍在每年农历五月十六建文帝登基那天，举行隆重的拜"皇爷"之礼。

关于建文帝的下落从古至今一直众说纷纭，争论不休，每一种说法都只能说是一家之言，因为没有哪一种说法有确凿的证据。但历史就是这样，也许建文帝的生死与下落真的如其他历史之谜一样，是一个永远也解不开的千古悬案。

建文帝登基之谜

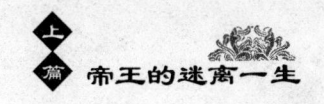

当明王朝的开国皇帝朱元璋在1398年去世之后，登上明朝皇帝宝座的是年仅21岁的朱允炆。然而奇怪的是，这位年轻的皇帝却不是朱元璋的儿子，而是他的孙子。更为奇怪的是，这位新皇帝继位后不久就爆发了一场长达四年的战争，朱允炆在这场战争中神秘消失，连一张画像也难以找到，关于他的下落成了一桩历史悬案。

那么，朱元璋的太子哪里去了？怎么会是孙子继承皇位？建文帝朱允炆神秘失踪后，究竟下落何方？

朱允炆的父亲是谁？正是太子朱标，他是皇太子朱标的第二个儿子，他上边还有个哥哥叫朱雄英在六岁的时候死了，这个朱允炆就是朱元璋的孙子。既然朱元璋立了太子，为什么太子没登基呢？

洪武二十四年朱元璋派太子出去办了一件大事，就是向北巡抚陕西，调查北方的民情，主要是为了建都的问题。明朝的都城不是建在南京吗？实际上朱元璋有迁都的想法，这样在洪武二十四年派朱标北巡到了陕西观察山川地理、了解风土民情，回来向朱元璋报告。但是朱标这一回来就一病不起了，洪武二十五年便去世了。这时的朱元璋已经65岁了，老年丧子他悲痛欲绝。然而，摆在他面前的还有一个最为重要的事情便是

选谁来当自己的接班人？如果朱元璋在自己的儿子当中找一个做皇帝的并不难，朱元璋一共有26个儿子，能不能从他们当中选一个做皇帝呢？如果不确定这个皇帝的候选人的话，朱标死了，其他二十几个儿子都成为皇帝候选人，那天下就大乱了。历朝历代在争夺继承皇位的问题上兄弟相残那是屡见不鲜，选谁来继承皇位成了问题。

在中国传统的宗法制度中，有一个嫡长子继承制，问题解决不了时就用嫡长子继承制来解决。学士刘三吾说："皇上不要伤心，按照礼法应该立皇太孙！"这时的朱允炆已经15岁了，所以尽管他是第二个孙子，仍然被立为皇太孙，这样，接班人的问题就解决了。

接班人的问题是解决了，但小侄子当了叔叔们的皇帝，朱元璋的这二十几个儿子能服气吗？再加上还有那么多跟随朱元璋打天下的功臣们，年纪轻轻的朱允炆能够接好这个班吗？

朱元璋在洪武三十一年闰五月离开了人世，这时的皇太孙朱允炆21岁。应该已经成熟的朱允炆，能否担起这样的国家重任呢？我们先来看看他的成长经历。

他的父亲叫作朱标，据说这个朱标"仁柔孝友"："仁"，讲仁义；"柔"，脾气好；"孝"，孝顺父母；"友"，友爱兄弟、品德很好。朱元璋设立了一个大学堂作为这些皇子们读书的地方，学的是儒家的礼法，所以朱标从小的时候就接受了传统礼法的教育。有一次朱元璋的一个妃子死了，朱元璋说你要给这个妃子穿孝，要穿"齐衰之孝"，就是最高等级的孝服。这时朱标不干了，他说："不行，按照礼法规定，庶人就是一般百姓都不能够为庶母穿这么重的孝，何况是天子呢？我是天子继承人，我不能够这样做。"两人争来争去就吵起来了，最后朱元璋操起一个

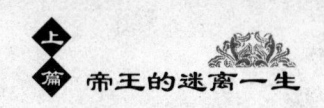

坐垫一下子就打到朱标身上，朱标见着就跑。这时刘伯温在旁边说："礼法要坚持，但是此时的父命你也得听。"最后，朱标还是听了朱元璋的话为庶母服了"齐衰之孝"。

这个小故事说明了朱标这个人从小接受传统的儒家教育根深蒂固，他希望按照儒家的学说治国。朱允炆却跟朱标不一样，朱标生在元朝末年，当时朱元璋刚刚投入到郭子兴队伍当中不久，他曾经见过元末天下大乱，见过他父亲怎样的南征北战夺取政权，但是朱允炆却生在洪武十年，这时的天下已经是朱家的，他完全是一个皇亲贵胄，没有生活磨砺的他比朱标更加仁柔。

朱允炆是个大孝子，在他父亲有病的时候日夜伺候，在床前一刻不离，作为儿子的他能够做到这一点也是非常不容易的。

还有一件事，朱元璋命儿孙们做对子，门前有仪仗，仪仗里有马匹，朱元璋给出一个上句让大家对。朱元璋上句说"风吹马尾千条线"，一看这个马尾飘来飘去，不错。怎么对啊，朱允炆也很聪明，马上对出来了很工整，"雨打羊毛一片毡"，你看风对雨，吹对打，马尾对羊毛，多好啊。千条线，一片毡，非常工整，但是，软弱无力。旁边他的四叔朱棣在旁边脱口而出，说"日照龙鳞万点金"，这个气魄，这个光彩，帝王气象。所以这样的叔叔和这样太孙就令朱元璋未免有点担心，将来这个太孙能不能撑得住？这些叔叔们能不能服他？

相传，有一天夜里朱元璋做了一个梦，梦见一条黄龙、一条白龙，这两条龙斗着斗着，就在殿里头打了起来，最后白龙一道烟跑了。这个预兆是什么意思？第二天早上朱元璋上朝一看，朱允炆站在燕王朱棣的右边，按照明朝的规矩左为上，朱元璋规定的。朱棣敢让朱允炆站在右

边，显然是没有把他的侄子放在眼里。朱元璋因此对朱棣多了心眼，让他搬出宫去。

是不是有这么回事呢？实际上这也是民间的附会，因为朱允炆在被立为皇太孙的时候高皇后已经死了十几年了。尽管刚才我们说的诗、对子和这个梦都不一定是真的，但却反映出一种舆论，和他们的表现让别人得到一个认识，就是朱标、朱允炆他们的性格是柔弱的，而事实上他们也没有政治经验。我们前面曾经讲过，朱元璋为了延续自己的江山，他把那些曾经立过大功的功臣杀戮殆尽，为什么？以防他们造反，安排朱氏子孙掌握军权。所以有一次朱元璋非常自豪地就跟朱允炆说起这件事，他说："我给你立了这么多重保障，可以'令边尘不动'，你的这些叔叔们一个一个能征善战，北边蒙古势力虽然经常骚扰我们却没办法威胁到你。"

朱允炆他可不这么想，为什么呢，这明摆着人家有时就在压迫着他。按照宫中制定的礼仪，朱允炆在殿上、在朝中和这些亲王见面的时候，这些亲王都是他的臣下应该给他行跪拜礼，可下了朝到了后宫朱允炆却要给这些叔叔们行跪拜礼，叔叔们实际上高他一头。朱允炆实实在在地感到了诸亲王对他的威胁，他就跟朱元璋说了一句话，说："如果边疆上有事我的叔叔们都可以顶住，那要是他们闹起事来谁来帮我？"

朱元璋一时说不出话来，朱元璋说，那该怎么办？朱允炆说："以德怀之，以礼制之"，再不行就把他们废了。朱元璋说："无以易此矣。"意思是说这个办法不错，这样他就能放心了。这样看来朱允炆也是一个有心计的人。

建文帝削藩之谜

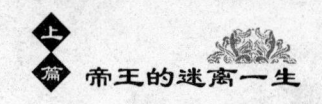

朱允炆在当皇上之前已经看清楚了这盘棋，所以他一继位就和大臣们一起商量削藩的问题。怎么削？他们最后决定先从软的来，由易到难。先削谁呢？先削周王、齐王、湘王、代王，还有岷王，先把这些人的王削了，为什么？这些亲王平常也有劣迹，经常有人告他们的状，所以有借口就可以把他们削了，但第一个要削的是周王。为什么要削周王，说周王是燕王同母的弟弟，他们是一个妈生的。削了周王就等同于削了燕王的手足，燕王最强，不能从燕王那儿下手，就先削周王，然后再削齐王、代王、岷王、湘王。不到一年时间，五个王爷死的死、废的废，这时就要跟燕王摊牌了。

建文元年，燕王府有一个官员叫作倪亮，告发燕王府的官员说他们为非作歹，有异谋，想要谋逆。于是朝廷下诏把这些官员逮了处置，同时下令北平都指挥使司的军队包围燕王府。但是燕王造反早已谋划在前，他是有准备的，而朝廷的官员认为燕王不值得对付，所以在包围燕王府的过程当中，统帅张昺、谢贵两个人就被蒙入燕王府，杀了。最后包围燕王府的军队一下子溃散，燕王迅速占领了北京九城——当时还没有南城墙，就是前门以南这块还没有，那是明朝嘉靖以后才建的，还是北京九城——一下占领了九城，控制了北京地区。朱棣称，朝廷有奸臣，皇

帝有了难，自己起兵是为了给皇帝消除祸难，于是将此次行动命名为"靖难之役"。

当朱允炆成功地除掉了其他的亲王之后，认为燕王朱棣已经被孤立，但结果却完全出乎意料，朱棣不仅击败了朱允炆的大军，而且还成功地夺取了皇帝的宝座，成为明朝的第三位皇帝。那么，朝廷百万大军占尽天时、地利，怎么就打不过一个已经势单力孤的亲王呢？

燕王朱棣起兵号称"靖难"，朝廷任命老将军耿炳文带兵北伐。但是耿炳文在北伐过程中在真定一下子就被打败了，怎么打败的我们在以后讲燕王的时候再说，耿炳文打败了以后，朝廷换了一个人，曹国公李景隆，作为大元帅。李景隆这个人长得是非常威武，从小熟读兵书，但是没有带兵经验。可为什么他是曹国公，又受到皇帝这么大信任呢？因为他的父亲是李文忠，李文忠是谁，是朱元璋姐姐的儿子，是至亲。李文忠死了以后，李景隆继承了曹国公的封号，地位非常高，削藩第一个除掉的周王，就是李景隆带兵包围的周王府。现在，耿炳文在真定之役失败，朝廷就任用了李景隆。

但是没有实战经验的李景隆，几次在战场上都被燕王打败。曾经在北京周围发生过非常激烈的战争，最著名的就是郑村坝之役。郑村在哪里？它在北京到通州之间，离东坝不远。开始用的耿炳文，虽然善于打仗，但他不善于指挥这么大的战争，所以耿炳文失败了。曹国公李景隆没有实战经验，所以他也不是燕王的对手。当然燕王在攻打南京的过程当中也曾经在白沟河（现在的白沟，河北雄县）、在山东的济南受到过巨大的挫折，几次差点没了命。但总体来说，燕王的气势越来越盛。他还从《祖训》中给自己找了一条根据，说如果天子有难，亲王可以训兵来帮助天子靖难,他是在掩人耳目,让天下人都知道自己的战争是正义的,是朝中出了奸臣。这让很多不明真相的人向着朱棣,所以在舆论宣传上、在战争谋略上、在战术运用上,朝廷这些官员都不是朱棣的对手。

这时候又出现了一个新的情况,什么情况呢?朱允炆对皇宫里的宦官管得比较严,引起一些宦官的不满,这些宦官当中就有人私通燕王,给他做内应,经常向燕王报告南方军事机密。这个时候燕王也知道南方的情况,他身边的谋臣建议他不要争一城一地,直接打向南京。靖难之役打了三年之久,燕王所得的地方不过是大宁、北平、永平三府之地,旋得旋失,没有大进展。但在建文四年的时候,他们决定直插南京,渡过长江兵临城下,到了南京的城下了。朝廷还犯了一个错误,什么错误呢?——朱允炆任用了亲王来把守南京城,还有刚才前面讲到屡战屡败的曹国公李景隆来把守南京城。本来建文帝上台就要削藩,这些亲王都对建文帝不满,你让他们来守城行吗?曹国公李景隆败了以后不但不加处罚,还让他把守城门,结果谷王朱橞和曹国公李景隆联手打开了南京金川城门,让燕王进了南京。

朱棣进入南京的第一件事情,就是清理朱允炆的手下。但奇怪的是,朱允炆原来的手下大臣没有几个投降和屈服的,大多数死在了朱棣愤怒的刀下。那么,怎么会有如此之多的人为了一个已经下台的皇帝而丢掉性命?朱允炆究竟有什么特别之处?

朱允炆上台以后宣布"但布维新之政,永维宽猛之宜",说我要更新政治,在宽猛要适中,不要像朱元璋那样的以猛治国,说宽猛适宜实际上是纠正了以猛治国,那么他做了什么事情呢?第一个是宽刑罚。

朱允炆在做皇太孙的时候就曾经考察历朝历代的刑罚，来对于《大明律》当中规定的刑罚做出了减刑和修改，所以当时说改订 73 条，得到了朱元璋的称赞。他上台以后宽刑法，据说当时刑部审问囚犯要比往常减少三分之二。

第二个是提高文臣的地位。朱元璋在执政当中有一个重大的政治举措就是废除丞相，由皇帝直接领导六部。六部虽然直接向皇帝负责，但他们的地位不过是二品，低于五军大都督府。朱允炆即位后说不行，不能够让他们低于五府，要把他们提高，六部每个尚书一品。为什么？提高文臣的待遇，皇帝不要这么专权，提高他们的地位。这一点，也被朱棣抓了一个小辫子。朱棣在向南攻打的时候有一个檄文中，说祖宗不让你们立丞相，可你们现在朝里面有六个丞相，六部都成了一品了。朱允炆所做的事情和朱元璋加强专制主义的路是相反的，他是相对的宽松，他放权，听言纳谏，接受臣下的意见，不阻挡别人进谏。

第三个是减低赋税，救济灾民，关怀老弱。限制僧道占田，僧人、道士，庙里的和尚也都占土地，太多不行，朱允炆说一个人至多 50 亩，多的分给老百姓。朱元璋时期，苏松重赋是有名的，这是一个老问题，很多研究经济史的人都提到苏松重赋的问题，无法解决。朱允炆说苏松的赋税要降低，减少他们的赋税，不要给他们那么大的负担。

如果把这些东西联系起来，有很多的大臣为朱允炆殉节，他们甘愿去死也要反对朱棣，为什么呢？他们是为朱允炆的政治理念去献身。朱允炆所实行的政策，可以叫作"建文新政"。因为洪武时候是以严酷为著名，所以明朝人常说"四载宽政解严霜"。四载宽政，阳光照雪了，霜雪都已经溶化了，所以人们怀念朱允炆，甘愿为他赴死。

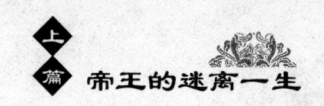

建文帝"被焚死"之谜

建文帝没在明朝被火烧死,却在白纸黑字的史书上"被焚死"了,那么,这把火是谁放的?康熙帝。

康熙帝发火焚死建文帝,不是张飞杀岳飞的野史演绎,也不是朱元璋撂出要杀孟子的狠话,一切的原因归结为两个字:政治。康熙帝一把心火,焚死建文帝,这典故出自何处?

朱棣发动靖难之变,建文帝从此再也没公开露面,这是铁打的事实,然则,建文帝是怎么死的?是烧死的,还是后来饿死的?是当即吓死的,还是活到自然死的?这在明朝是一桩悬案,连朱棣都不知道建文帝到底是怎么死的。朱棣从金銮殿里找出了几具尸体,这是真的,但这尸体是谁的?朱棣一直疑心这尸体是建文帝使的金蝉脱壳之计,目的在于让朱棣不再来追杀自己。朱棣对建文帝之死,也是从没相信过,他在验证建文帝死与没死这件事上,举全国之力上穷碧落下黄泉,内遍四海外五洲,投入大量的人力、物力、财力、精力。众多史学家,特别是当事人时代的史学家,都认定建文帝没死。台湾文史作家高阳先生在其所著的《明朝的皇帝》中说:"终明之世,对于建文帝未死而出亡,殆成定论。"

都说盛世修史,那么反推开来,修史即盛世,故而康熙帝起意修明

史。明朝那些脚穿草鞋、头顶斗笠立，誓与大清不共戴天的士子们，听说要给"吾朝修史"，一个个脱了草鞋扔了斗笠，来与大清共戴天了，修史修到建文帝这一节，修不下去了：建文帝在靖难之变中，是死还是活？是葬于火中还是逃亡于佛寺？"谁知这已有定论的一重公案，到清修《明史》时忽起争论。"（高阳《明朝的皇帝》），大部分学者是主张建文帝没焚说，总编辑王鸿绪先生却坚决主张已焚死，争论得十分激烈。

大多数人转过弯来了，不再主张"出亡"一说，但也不主张"焚死"之论，折了一衷：存疑。自然，人多力量不大，权大才是力量真正大，最后，康熙帝版《明史》在建文帝之死上，建文帝被"焚死"了。

建文帝死与没死，是火烧而死，还是活到自然死，干康熙帝何事？

干康熙帝大事。原来，康熙帝祖上推倒了明朝，把朱家龙椅弄到大清下面，龙椅坐是坐上了，只是还没坐稳。在康熙帝那会儿，出了一些真真假假的朱三太子案，流传崇祯皇帝第三子尚在民间，一些人即以朱三太子为号召，今天是张三自称朱三太子，明天是李四他举为朱三太子，大家听说"故主"还在，心思活跃起来了，有人就扯起大旗举兵抗清了。这一系列谋反案，史称朱三太子案。

在这样的政治局面下，建文帝还能活着吗？不把建文帝烧死，那么，大家都会以为朱三太子还没死，明朝之遗老遗少与遗民遗士，心里哪得安定？得一把火将建文帝烧死才是，烧死了建文帝，也就烧死了明朝遗民复明的一个念想。康熙帝是搞政治的，他对知识分子毫无政治敏锐性，将历史真实性凌驾于政治敏锐性之上，哪能不冒火？于是他"集部议"，集合修史人员，对重要史实定了调子，他为大家提供观点，专家为他提供证据，把"史实"给拍板确定了。康熙帝就这样开创了历史为当局服务的入关新局面，把一切历史做成了当代史。

时光从康熙流到了乾隆，大清江山已是坐稳了，各地的"朱三太子"，要么被斩尽杀绝了，要么做定清民了，建文帝焚死没焚死，不再是敏感词了。乾隆四十二年，乾隆下诏修改《明史》，关于建文帝结局，修改为："棣遣中使出后尸于火，诡云帝尸。"原来那把火是朱棣放的，朱棣放火之时，建文帝早没了踪影，朱棣导演了一个"死亡现场"。可怜的建文帝，在朱棣那里被死亡了一回，到了康熙帝那里还得继续被死亡。

历史复归真相，让大家开始满怀信心：历史终究是历史，真相毕竟是真相，政治把历史真相埋了，时间又会把其刨出。有这种信心毕竟是好的，只是谁知道要等待多久？而时间并不总是真相的保持者，老实说，时间更是历史破坏者，历史真相的物证、人证都随着时间最终破坏了，何况，若历史既已搞混，那就假作真来真亦假吧。建文帝被焚死一说，到如今也是主流看法了。

三清山是建文帝朱允炆藏身之地吗

众所周知的明朝第一大谜团就是建文帝朱允炆下落不明，直到如今人们才在三清山找到了疑似他曾在此山出家当道士的佐证。这也是我们游三清山的一个意外收获，说出来与大家共享。

朱元璋在位之时，为了巩固大明王朝始终掌握在朱姓子孙的手中，在燕王朱棣（即后来的明成祖）发动的"靖难"之役中，当燕军攻陷南京后，建文帝便在皇宫的大火中销声匿迹，活不见人，死不见尸。这样的局面让夺位的朱棣甚感不安，唯恐建文帝出逃，在外生事。于是永乐帝明里暗里派出了许多路人马去海内外查找建文帝的下落，活要见人，死要见尸。

《明史》载："成祖疑惠帝亡海外，欲踪迹之，且欲耀兵异域，示中国富强。永乐三年六月，命及其侪王景弘等通使西洋，将士卒二万七千八百余人，多赍金币。"在郑和的船队里，还有一部分是锦衣卫，专门负责侦缉，就连朱棣自己也不大相信建文帝真的自焚而死。如果建文帝已经自焚而死，"何必疑于人言，分遣胡、郑和辈海内海外，遍行大索"，大索天下二十余年之久？因为当时所有查找与寻访建文帝到头来终无结果，建文帝的下落就成了明史上最大的一个谜。

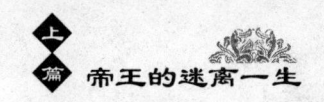

自明初以来的六百多年间，建文帝下落依然是众说纷纭，莫衷一是。撰写《明史·恭闵帝本纪》的徐嘉炎认为建文帝未死于火中，而是外逃。万历二年十月，13岁的明神宗曾向张居正问及建文帝下落一事，张回答："国史不载此事，但先朝故者相传，言建文皇帝当靖难师入城，即削发披缁，从间道走出，后云游四方，人无知者。"

关于建文帝出亡一事，谷应泰《明史纪事本末》中的记载最具有代表性。他认为建文帝并未自焚，而是在大臣的保护下由密道逃出南京。建文帝三人剃了头，换上了僧衣，只带了九个人来到鬼门。鬼门在太平门内，是内城一扇小矮门。仅容一人出入，外通水道，建文帝和其他八人弯着身子一起出了鬼门后，就看见水道上停放着一只小船，船上站着一位僧人，僧人招呼他们上船，并向建文帝叩首称万岁，然后载着他们远遁江湖。

在三清山的三清殿，我们看到前殿顶梁石柱石刻楹联："三天无极存道气于玉清上清太清，一统大明祝皇祚于百世千世万世。"相传为建文帝藏隐于三清山任三清宫住持时亲笔题撰。从联语中可以看出，建文帝虽遁入清静空虚之门，但仍然难以完全断绝红尘世俗之念，寄希望于三清尊神保佑大明皇位传承千秋万世，为无奈而入空灵清静之门的经历留下了意味深长的注解和佐证。

据报道，曾任上饶玉山县旅游局局长的官涛，从1982年至今一直参与三清山风景普查工作，被称为"三清山活地图"。在历经了十余年的探究、思考后，官涛大胆推测、求证，推断明朝建文皇帝隐姓化名为全真道人"詹碧云"，并巧施谋略，应王祜之邀成为三清山"三清宫住持"。建文帝藏身三清山后，以王祜做掩护，大规模进行三清宫等道教场所建

设,"詹碧云藏竹之所"陵墓就是他本人墓冢。官涛认为,三清山道教建筑物大多数为微缩小殿、小庙,这与建文帝隐身财力受限有关。其殿堂虽小,但规制未减,苦心经营几十年才全部完成。其以名山大川为陵的磅礴大气,绝不亚于一般在位帝王陵墓的建制。

关于建文帝与三清山有关联的故事,在我国民间及文物考古界一直有传闻。上饶市文物考古研究所所长黄上祈的著作《三清山道教文化考略》中就有《明代建文帝失踪之谜和三清山追踪》一文,该文对建文帝有可能逃往三清山,隐居玉山境内,做了较为合理的猜测、推断。书中认为,在明朝三清山林深叶茂、地广人稀,不易引起朝廷注意,而且当地兴盛的道教文化和众多佛、道宫观寺院也是较为安全的隐蔽地方。1983年玉山县东南发现了《重修三学禅院碑记》,碑文中有一段提到了建文帝当年逃出南京后曾来到三学禅院避难。"詹碧云藏竹之所"东北侧面的一块山岩上刻有"螣冈"二字。"螣"为"蛇",即小龙。建文帝生于洪武十年(1377年)十二月五日,为农历丁巳年,属相为蛇,即位时年仅21岁,也可谓"小龙"。一个"螣"字,刻置于墓侧,用心良苦。另外,在三清宫前牌坊上有一副石刻对联,"云路迢遥入门尽鞠躬之敬,天颜咫尺登坛皆俯首之恭"。经查典籍,"天颜"只有"帝王的容颜"一种解释。据《王氏宗谱》记载推测,当时詹碧云正为三清宫住持,往来烧香拜神的善男信女,对虔诚礼神三跪九叩的"詹碧云"实在是"天颜"咫尺。

历史上的建文帝自幼聪明好学,为人仁厚有余,刚强浑厚不足,显得未免有些柔弱,依照建文帝的经历和性格,以及当时逃亡的历史环境下,他本人不具备操作兴建陵墓的能力。根据推测,"詹碧云藏竹之所"

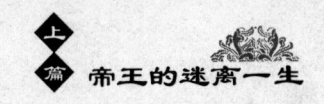

极有可能是"詹碧云藏主之所",以"竹"代"主"遮人耳目。建造陵墓的人可能另有其人,这个人孝忠于建文帝,或是同情其遭遇的臣子,或是与建文帝关系密切的道士子弟。

以上的线索表明,不排除建文帝及其随从曾经在三清山一带隐居的可能,也不排除其死后葬于三清山的可能。如果詹碧云墓真与建文帝有关,那么墓中可能葬有建文帝的尸骨或其衣冠,真相大白需要历史及考古专家做进一步的考证。

明神宗朱翊钧：二十年不上早朝探因

中国古代皇帝大都拥有三宫六院七十二妃，这已经成为家喻户晓、无人不知的事情。但是，有一位风流皇帝一天连娶九个媳妇的事却很少有人知道。这或许就是他二十年不上早朝的原因吧！

万历皇帝朱翊钧一天娶九个老婆

朱翊钧是明穆宗第三子。隆庆二年，被立为皇太子，时方6岁。明穆宗于隆庆六年驾崩，10岁的朱翊钧即位，次年改元万历。明神宗（史称"万历帝"）在位48年，是明朝在位时间最长的皇帝。万历前十年，大学士张居正辅助他处理朝政，社会经济发展较快，黎民百姓也能安居乐业。

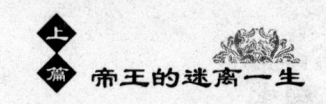

10年后，张居正去世，万历帝开始亲政，开始一段时间勤于政务，后期因和文官之间的矛盾而罢朝30年，1620年驾崩，传位于皇太子朱常洛，死后葬于十三陵定陵。

万历帝罢朝的30年，被史学家称为"醉梦之期"，这段时期他"怠于临朝，勇于敛财，不郊不庙不朝者三十年，与外廷隔绝"。那么，万历帝是什么时候从一个勤政有为的皇帝变成一个荒废朝政的皇帝呢？又是什么事情让这位曾经雄心万丈的大明天子堕落得如此厉害呢？

表面看起来，万历帝荒于政事、不愿临朝的原因，先是因为宠幸郑贵妃，后是因为厌恶朝堂上大臣之间的朋党之争。但是，究其主要原因，还是由于他的身体虚弱，行动不便。而其身体虚弱的背后，无疑是酒色财气的过度。

万历十七年，即1589年十二月，大理寺左评事雒于仁上了一篇奏章，批评皇帝纵情于酒、色、财、气，并献"四箴"。一个大臣对九五至尊皇帝的私生活这样干涉，使他非常恼怒，幸好首辅大学士申时行婉转开导，说皇帝如果要处置雒于仁，无疑是承认雒于仁的批评是确有其事，不明真相的臣民会信以为真的，最后，雒于仁被革职为民。

在处理这件事的过程中，万历帝曾召见申时行等人于毓德宫中，"自辨甚悉"。明神宗对内阁大学士们说："他说朕好酒，谁人不饮酒？……又说朕好色，偏宠贵妃郑氏。朕只因郑氏勤劳，朕每至一宫，她必相随。朝夕间她独小心侍奉，委的勤劳。……朕为天子，富有四海之内，普天之下，莫非王土，天下之财皆朕之财。……人孰无气，且如先生每也有僮仆家人，难道更不责治？"看来，万历帝根本不承认雒于仁的批评。

其实，明朝晚期好酒成风。清初的学者张履祥记载了明朝晚期朝廷上下好酒之习："朝廷不榷酒酤，民得自造。又无群饮之禁，至于今日，流滥已极。……饮者率数升，能者无量。……饮酒或终日夜。朝野上下，恒舞酣歌。"

意思是说，明朝晚期对酒业不实行专卖制度，所以民间可以自己造酒，又不禁止群饮，以致饮酒成风。喝酒少的能喝几升，多的无限量，日夜不止，朝野上下都是如此。明神宗的好酒，不过是这种饮酒之风的体现罢了。他在17岁的时候，曾经因为醉酒杖责冯保的义子，差点被慈圣太后废掉帝位。

至于说到好色，偏宠贵妃郑氏，这倒是万历帝十分得意的一件风流事。说起来朱翊钧虽然不及他的先祖文治武功，但却有一点使他的先祖望尘莫及。他在万历十年，即1582年的3月，就曾效仿他的祖父明世宗的做法，在民间大选嫔妃，一天就娶了"九嫔"，郑贵妃就是这"九嫔"之一。

当时主持后宫的王皇后容貌平常，又秉持着传统的"妇德"，万历帝对她不感兴趣，却对聪慧机敏、风情万种的郑氏十分宠爱，平时都在她宫中留宿，后宫妃嫔无一人能及。万历十四年，即1586年，郑氏生下了皇三子朱常洵，万历帝当即册封她为皇贵妃，地位仅次于皇后，但这一晋封却引起了宫廷内外的纷纷议论。

原来，万历帝在大婚之前，曾有一次到母亲李太后的宫中请安，忽然一时兴起，看上了太后身边一个王姓宫女，就和她凤倒鸾颠，春风一度。当时，万历帝还是一位少年天子，不敢让母后知道，他大婚时所纳的"九嫔"中也没有这位王姓宫女。

但是，这位王姓宫女不久便怀孕了，当李太后向他询问这件事情的时候，他还咬死口不肯承认，后来李太后命人拿出记录皇帝行踪的"起居注"，一对日期，万历帝才没话可说。然而，李太后却没有生气，倒是觉得自己马上就要抱上孙子了，十分高兴，于是晋封王姓宫女为恭妃，后来，她就给明神宗生下了皇长子朱常洛。

虽然如此，但万历帝却并不喜欢这个王恭妃，那次"临幸"她不过是一时冲动罢了。等到有了心爱的"九嫔"之一郑氏，更是把他们母子抛到了一边。当郑氏给他生了一个儿子，他便立刻封她为贵妃；而早就生了儿子的王恭妃，却没有这种待遇。在朝野上下看来，这就是万历帝打算废长立幼的标志了。

其实，不论是皇长子朱常洛，还是皇三子朱常洵，此时都还不过是小孩子，也分不出什么谁有出息、谁没有出息。或许在万历帝看来，到底要立谁不立谁都是自己的家务事，当然应该由自己说了算。但那些大臣们可不那么想，明代的大臣们深受理学影响，对于维护礼制有着无比的热情，当年就和万历帝的祖父嘉靖帝因为要不要管亲爹叫爹的问题大闹一场，气得嘉靖帝在午门打了一百多个大臣的屁股，这就是震惊一时的"大礼议"事件。是不是管亲爹叫爹不过是个称呼问题，尚且掀起了这般轩然大波，关系到今后谁是下一任皇帝这样的"国本"问题，就自然更加引起了大臣们的严重关注。于是，当年二月，户科给事中姜应麟首先上奏，主张"册立元嗣为东宫，以定天下之本"。

这自然是违背了万历帝的心意，于是这位官员马上被贬到遥远的州县。但是，一个人倒下去了，又有千万个人跟上来。一时间，主张立皇长子朱常洛为太子的奏章雪片一般的飞到了御前，弄得他晕头转向，心

烦不已。

一气之下，他恨不得向他祖父学习，把这帮不知死活的家伙也送到午门去打屁股。但是，万历帝却比他的祖父多少有些涵养，觉得这么乱打一气总归不大像是"圣明天子"所为，于是，他就想出了一个"拖为上"的妙计。

万历帝先是劝大臣们不要着急，皇后还很年轻，万一她将来生下一个儿子，自然是理所当然的太子，何必急着现在就立王恭妃的儿子。但是，万历帝自从宠爱了郑贵妃，就再也不肯到皇后那里去了，皇后这儿子又从何生起？群臣们自然是心知肚明，不肯上当，仍然要求万历帝有一个明确的说法。

无奈之下，万历帝只好使出了第二招，即于万历二十一年（1593年），准备将皇长子朱常洛、皇三子朱常洵和皇五子朱常浩一并封王，等他们长大些再择其善者立为太子，以此来搪塞朝臣悠悠之口。结果在群臣的反对下，他不得不收回成命。后来这件事情一直争论不已，其间又出现了不少"妖书"，影射宫廷嫡庶之争，弄得天下人心混乱，结果李太后不得不出来干预。

她问明神宗道："为何迟迟不立常洛为太子？"万历帝口不择言说："他不过是个宫女的儿子。"可李太后本就是明穆宗的宫女，只是因为生了万历帝才被晋封为贵妃，后来儿子即位又成为皇太后的，现在听到皇帝儿子说出这种话来，不由得勃然大怒道："你也是宫女的儿子！"吓得他赶紧叩首请罪。

在李太后和群臣的压力下，万历帝只好在万历二十九年，无可奈何地立长子朱常洛为太子，至此，"国本之争"告一段落，朝野上下才算

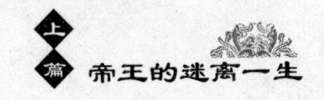

安静下来。

可是虽然这一次屈服给了群臣的压力，万历帝心里却憋了一口气。于是他产生了报复心理：你们既然不让我立喜欢的儿子做太子，那我就"罢工"，干脆"不郊、不庙、不朝、不见、不批、不讲"。

在这方面，万历帝想到做到，不让先辈。他先是不肯上朝，又不肯"召对"大臣，慢慢地竟然连内阁的大学士们也很少见到他的面了；后来更是发展到不批奏章，大臣们的奏章一概"留中"不发。他心里明白，对于那些不中意的奏折，只要他一加以贬斥，马上就会给朝臣们找来更多的上奏理由，又使他们得到了"讪君卖直"的机会。现在干脆一个不理，让这帮标榜"忠君爱国"的臣子们对着空气作战。至于他自己，早就躲到深宫里与他心爱的郑贵妃风花雪月去了。

万历帝沉迷酒色，不但迷恋郑贵妃，竟然还喜好男色。当时宫中有十个长得很俊秀的太监，专门"给事御前，或承恩与上同卧起"，号称"十俊"。

所以，雒于仁的奏章中有"幸十俊以开骗门"的批评。这一点，万历帝与他的祖上明武宗有一点相像。

至于贪财一事，万历帝在明代诸帝中可谓最有名了。在亲政以后，查抄了当朝重臣冯保、张居正的家产，还让太监张诚全部搬入宫中，归自己支配。为了掠夺钱财，他还派出矿监、税监，前往各地四处搜刮民脂民膏。

正是由于酒色的过度，导致万历帝的身体极为虚弱。还在万历十四年，即1586年，年仅24岁的明神宗就传谕内阁，说自己"一时头昏眼黑，力乏不兴"。礼部主事卢洪春为此特地上书，指出"肝虚则头晕目眩，肾虚则腰痛精泄"。

万历十八年，即1590年正月初一，万历皇帝自称"腰痛脚软，行立不便"。最严重的一次，在万历三十年，万历帝甚至因为病情加剧，宣召首辅沈一贯入阁嘱托后事，可见，万历帝的身体状况实是每况愈下。

因此，明神宗亲政期间，几乎很少上朝，处理政事的主要方法是通过谕旨的形式。万历年间开展的平定哱拜叛乱、援朝战争、平定杨应龙叛变等三大征伐战事，都是通过谕旨的形式，而不是大臣们所希望的"召对"形式。

在三大征伐战事结束之后，明神宗对于大臣们的奏章的批复更加罕见。所以，明神宗荒废朝政的情形，有着前后两个阶段：第一个阶段是不愿意上朝听政，后一个阶段是将大臣们的奏章直接"留中"不发。

按照明朝的制度，皇帝是朝政大事的唯一决策者，一旦皇帝不愿处置但又不轻易授权于太监或大臣，整个朝廷的运转就会陷于停顿。明神宗为了讨好宠妃而采取的这种不负责任的"罢工"，给大明王朝带来了致命的后果。

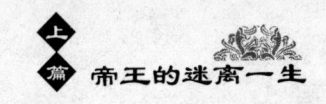

万历皇帝朱翊钧后宫生活之谜

朱翊钧即位时年仅9岁，他的主要任务是系统学习帝王之学。实际上，国家大权主要掌握在他的生母慈圣太后、司礼监太监冯保和内阁首辅张居正的手里。永乐初年，明成祖朱棣设立内阁，内阁有大学士若干人，彼此地位相同，这样可以弥补明太祖废除宰相制留下的权力空隙。明朝中期以后，内阁中以首辅地位最尊。明神宗时期内阁地位高于六部，内阁首辅成为事实上的宰相，因此，张居正是当时明朝外廷的最高官员。而司礼监作为内廷与外廷之间的桥梁，这时也已成为内廷的最高权力机构，司礼监太监冯保自然成为内廷的实权人物。明神宗初期，国家的权力运转模式是这样的：慈圣太后通过冯保，把指示传给万历帝，万历帝传给张居正，然后万历帝把张居正的票拟，按照冯保的建议写成朱批，由张居正在外廷负责实施。为了明朝的"中兴"，慈圣太后、冯保和张居正三人，彼此颇为信任。在慈圣太后和冯保的大力支持下，张居正在外廷大刀阔斧地实行改革，先是整肃朝纲，裁撤政府机构中的冗余官员，整顿邮传、铨政；然后又修治黄河，清丈全国土地；接着改革赋役制度，实行一条鞭法，整饬武备。万历前十年，张居正去世之前，国家百事转苏、欣欣向荣，是明朝中叶以来的黄金时期。

然而张居正的改革和他在朝中的不可一世，让他树立了大批政敌。万历十年（1583年）六月张居正一死，他的政敌们便发起了猛烈的"清算风"，纷纷参奏张居正，揭发他结党营私、奢侈淫逸、口是心非。一向对张居正敬重、信赖的皇帝朱翊钧和慈圣太后呆住了，尤其是皇帝朱翊钧，精神上受到了无情的打击，他痛感天子的威严遭到愚弄和侵犯，因此亲自领导了一场长达两年的清算张居正运动。张居正生前的一切荣耀被剥夺，亲信全部遭清洗，家产被抄没，两个儿子被送到烟瘴之地充军，只剩下年迈的母亲在苦度残日。冯保也发配到南京奉御，不久死在南京。这次清算，虽然皇帝和慈圣太后痛快地发泄了私愤，但却使明朝进入不可挽回的衰败时代。

对张居正的清算刚刚结束，围绕着立太子一事的激烈斗争便已骤起。于是，从万历十四年（1586年）起，朝臣围绕着立太子一事与皇帝争执了15年，所上奏章数以千计，直到万历二十九年十月，才尘埃落定，这场内廷、外廷都深卷其中的争国本斗争给明朝统治带来严重的政治危机。

争国本的风波才停，皇帝朱翊钧和朝臣关于福王何时到河南就藩的争执又起。万历帝坚持将福王留在身边，朝臣认为皇帝这样做，目的仍是想换太子，因此坚决要求福王及早就藩。最后又是慈圣太后出面，解决了这场争执。福王于万历四十二年（1614年）三月到河南就藩，万历帝再次失败。

万历四十三年（1615年）五月，宫中发生"梃击案"。一个叫张差的男子手持木梃，闯进太子宫中欲行不轨。经多方查实，此案系郑贵妃主使，由其宫中宦官庞保、刘成一手操办。万历帝自然不会处理心爱的女人，又要对朝臣有个交代，只好和郑贵妃一起屈尊求助太子。父子两人在朝臣面前演出了一幕亲密无间、父子情深的活喜剧后，将当事人张差、庞保、刘成等一一处死，这才堵住了大臣们的嘴巴。

皇帝与朝臣们的数次斗争，表明明朝统治阶级内部之间的矛盾已到了白热化的地步。皇帝与众大臣之间的关系已是君不君、臣不臣，皇帝无力驾驭群臣，群臣也无法用儒家传统的为君之道约束皇帝。这种君臣之间的不正常关系使万历帝亲政以后的雄心大志化为泡影，他对朝政失去信心，自万历二十年（1592年）起龟缩宫中不再视朝，把大量的精力都用在掠夺民脂民膏上。皇家不仅大量侵吞土地，而且派矿监、税使对工商业进行无情掠夺，严重阻碍了社会经济的发展，激起了一次又一次的民变，完全是"躲进皇宫掠财产，哪管国家乱与瘫"的架势。

面对皇帝的怠政和敛财，朝中大臣分化成两个阵营，高层的内阁大学士和高层官员跟在皇帝后面，贪赃枉法，中饱私囊；另一部分政治上受排挤，却追求正义的中下层官员，面对日益加剧的政治危机，强烈要求改良政治，重整朝纲。这两部分人各自结成党派，互相攻讦，形成以浙党和东林党为主的党派之争。朱翊钧作为皇帝与浙党臭味相投，对东林党残酷镇压。东林党则不畏牺牲，前赴后继，始终坚持斗争。

一边是明朝统治阶级内部的斗争如火如荼，百姓的生活水深火热，另一边，在明朝东北部，女真部落在努尔哈赤的领导下迅速崛起，并于万历四十四年（1616年）正月，脱离明朝独立，建立"大金"政权，与明王朝中央皇权分庭对抗。至此，明朝这艘大船在明神宗统治期间，已是千疮百孔，濒于沉没的边缘。

万历四十八年（1620年）七月，万历帝这位明朝在位最久、最为懒惰，最为贪恋酒、色、财、气的皇帝，终于离开了人世。

明神宗的朝政处理得一塌糊涂，他的后宫也卷入外廷的政治斗争而乌烟瘴气。有明朝二百余年的统治中，后妃深深卷入外廷的政治斗争，并导致严重政治危机的现象只见明神宗一朝。明神宗的诸多后妃中，见史料记载的主要有：皇后王氏、恭妃王氏、皇贵妃郑氏。接下来我们就来介绍一下他的几个妃嫔。

备受冷落的王皇后

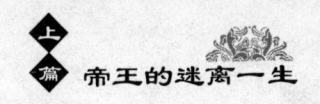

皇后王氏为朝中大臣王伟之女，余姚人，生在北京，长在北京。万历六年（1578年）二月，王氏被慈圣太后选中，册立为皇后，当时朱翊钧14岁，王皇后年仅13岁。

王皇后相貌端庄，举止稳重，个性严谨，体弱多病。婚后最初几年，两人的关系还是不错的。王皇后不仅悉心照料朱翊钧的衣食起居，而且经常帮他整理朝臣奏章，凡他看过的奏章，王皇后都认真封识，然后一一收好。朱翊钧只要提起某件事，王皇后就能迅速准确地取出有关的奏章交给他。万历帝对她的做事麻利和仔细颇为满意，对她的父兄也不断施恩，先是将她的父亲由都督封为永年伯，接着准备授她的两个兄弟为锦衣卫指挥使。由于以张居正为首的内阁大臣反对，万历帝做不了主，只好改授皇后的两个兄弟为锦衣卫正千户，他还为此闷闷不乐了几天。

万历十年三月的一天，18岁的万历帝再次结婚，同时娶进九嫔。这一天，王皇后身着礼服，带着九位嫔御去拜告祖庙，心里却极不愿意更多的女人和她争宠。她审视着九嫔，发现有一个淑嫔郑氏生得十分俏丽，只见她白净的瓜子脸上耸着一只挺直的葱鼻，水汪汪的大眼睛闪着的波光，樱桃小口，嘴角微微上翘。王皇后心一沉，直觉告诉她，这样的美色对丈夫是极大的诱惑，她感到了一种威胁，不由得狠狠盯了淑嫔郑氏一眼，淑嫔郑氏垂下了眼睑，嘴角紧抿，却并无一丝慌张。

预感不久成为现实，万历帝果然对淑嫔郑氏十分宠爱，整日沉溺在与郑氏的卿卿我我之中，很少再出现在皇后宫中。他不仅冷落王皇后，甚至削减她的膳食、服饰及侍从，她生病时侍候在身边的宫人仅有几人。皇后的遭遇很快传到外廷，传遍京师，臣民们为此吃惊不已，暗暗忧虑。工科都给事中王德完上书进谏，言辞哀婉地求皇上厚待中宫，万历帝大怒，将王德完下狱拷打；尚书李载、御史周盘上疏，请皇上赦免王德完，被他责骂。内阁次辅沈一贯秘密上疏给他，请他做冷处理，否则后果严重。第二天，他下圣谕自我解释："皇后是圣母选择的原配，现在与朕同处一宫，少有过失，怎么会不优待她。只是近几年来，她的脾气变坏，悍戾不慈，朕常常教训她，要她恪守妇道，她也知悔改，并没有生病一事。"然后将王德完暴打一顿，削籍回乡。万历帝害怕朝臣再为皇后的待遇问题没完没了的进谏，只好不情愿地改善了王皇后的生活条件。

虽然万历帝削减王皇后的待遇标准是小人行为，但王皇后也确有"悍戾不慈"的劣迹。万历帝娶九嫔之后，王皇后已生下嫡长女荣昌公主，她每天除了定时去给明神宗的嫡母仁圣太后问安，便只能与年幼的女儿为伴，她虽有皇后尊荣，却享受不到一个妻子应有的快乐，常常心情郁闷，暗自垂泪。她对郑氏非常嫉妒，但从不敢流露出来，她知道本朝历史上，宣德、景泰、成化、嘉靖四朝都有废后之举，她没能生个儿子，又不被万历帝喜欢，万历皇帝要找借口废她轻而易举，所以她对皇帝的胡作非为从不干涉，对其他的妃嫔也不为难，对自己该履行的职责按部就班地照办不误，以求自保。王皇后由于内心的欲望长期得不到满

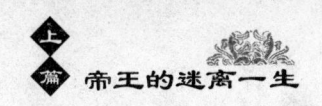

足，心情总是浸泡在痛苦和仇恨中，只能在宫人身上发泄愤恨。她在位的42年中，死在她棍棒下的女官和宫女不下百余人，她手下的宦官中绝大多数也被她关过禁闭和降谪。

万历十四年，当时万历帝最宠爱的郑氏刚生下皇三子，被册封为皇贵妃，越居皇长子生母王恭妃之上，地位仅次于王皇后。朝臣们认为，再不督促万历帝册皇长子为太子，皇三子极有可能"鹊占鸠巢。"长幼有序、有嫡立嫡，无嫡立长的伦理观念和立嗣制度，是祖宗留下的规矩，朝臣们奉若神明，绝不允许任何人违背。于是朝中大臣接连不断地上奏章，要求万历帝册立皇长子朱常洛为太子。万历帝虽然也承认长幼有序、有嫡立嫡，无嫡立长的原则，但他不太愿意皇长子做他的接班人，于是他开始利用王皇后大做文章，"皇后"一词一时间频频从他的口中吐出。他说，皇后还很年轻，完全有可能生下嫡子，现在仓促立皇长子，一旦日后皇后生下嫡子，岂不违背了立嗣原则。其实他在心里打着如意算盘：王皇后经常生病，肯定是个短命鬼，一旦她归天，就可以册立郑贵妃为皇后。那时候，皇三子就成了嫡子，立为皇太子，大臣们自然无话可说。对万历帝的心思，大臣们洞若观火，他们反驳说，如果王皇后生了嫡子，到时候再将皇长子废掉就是。他们也很担心王皇后享年不久，因此坚决要求尽快册立皇长子为太子。万历帝处置了率先上疏的姜应麟等人，朝臣们没被吓倒，继续上疏。万历帝威胁说，立嗣的大权属于皇帝，群臣不准干扰。同时又表示如果一年之内大臣们不提此事，那么他就立皇长子。他是个聪明人，料到一年之内总有大臣耐不住性子，要就此事上奏。事态进展不出所料，于是他有了拖延的借口，又拖了两三年。大臣们见皇帝迟迟没有立皇长子的迹象，于是又纷纷上奏，万历帝只好使出撒手

铜，要"三王并封"，即同时册封皇长子、皇三子、皇五子为亲王，以后选择其中最好的立为太子。实际上仍是不想立皇长子为太子，于是大臣们又坚决反对。就这样君臣之间为立太子一事，从万历十四年（1586年）一直争执到万历二十九年（1601年）慈圣太后出面，才迫使万历帝于当年十月正式立皇长子为太子。

　　在册立太子一事上，王皇后毫不犹豫地支持皇长子。她无法通过自己的力量促使皇帝及早册立皇长子，只好在保护皇长子少受欺负上出一份力。朱翊钧是一个心胸狭窄，寡恩薄义之人，他没办法称心如意的册立皇三子为太子，就把私愤发泄到皇长子身上。他不让皇长子出阁读书，不让其与生母见面，并将皇长子的膳食、衣服、侍从等削减到最低限度。王皇后看在眼里，急在心里，她常常将皇长子召到自己宫中，照料他的衣食，给他精神上的安慰，对他可谓是"呵护备至""深护有劳"。王皇后还对去世的李贵妃所生的两个幼子悉心照看，王皇后虽然没能生个儿子，却在几个皇子身上倾注了母爱，她死后被谥为"孝端"，与此不无关系。

　　万历二十四年（1596年），王皇后的女儿下嫁出身卑微的杨春元。相依为命的女儿离去，王皇后亦喜亦忧。喜的是，女儿终于长大成人，忧的是，女儿能否与驸马恩恩爱爱，有一个好的归宿，不要似自己这般守活寡。也该是王皇后命苦，她的女儿出嫁后，与驸马感情始终不好，曾与驸马反目，驸马杨春元一气之下，拂袖而去。万历帝大怒，准备严惩他们身边的人，在宦官陈矩的劝说下作罢，命人将杨春元从家乡固安县召回，大骂他不懂规矩，罚他在国子监面前演礼。女儿婚姻的不幸福，无疑是在王皇后滴血的心上又撒了一把盐，王皇后就变本加厉地折磨宫人。

　　万历帝对王皇后完全是实用主义，平时无视王皇后的存在，只有偶

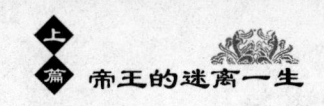

尔在用得着时找找王皇后。万历四十三年（615年）初夏的一天，很久不见王皇后的万历帝突然来到王皇后的宫中。王皇后见他来了惊诧不已，颇有点受宠若惊，她连忙迎上前去问道："皇上何缘得见老妇。"原来，五月四日，宫中发生了一起梃击案，一个叫张差的壮汉手持木梃冲进太子宫中欲谋杀太子，此案最后查实为郑贵妃宫中宦官庞保、刘成一手策划、操办。朝臣们纷纷指出，郑贵妃是此案的主使，要求严惩当事人。万历帝为庇护郑贵妃，想来想去，想到了王皇后。他知道太子与王皇后感情很好，希望王皇后劝说太子出面平息这一事件。王皇后表示，这件事她也不能做主，要和太子面谈才行。正在这时，太子和郑贵妃赶到，太子很生气地说"张差所为，必有主使"，郑贵妃一听，吓得跌倒在地，她指天发誓，嘴里不停地喊："奴家万死，奴家赤族。"万历帝大怒指着郑贵妃骂道："此事朕家赤了不得，希罕汝家！"太子听出父亲的话外音，加上王皇后的说情，便答应"此事只在张差身上结局足矣"。于是已有二十年不见朝臣的万历帝在五月十八日，破天荒与太子、太孙一起来到慈守宫，接见内阁大学士方从哲、吴道南及文武大臣，并在朝臣面前做了一番父子情深的表演，然后处死张差、庞何、刘成等人，总算将围绕梃击案掀起的风波平息。

万历四十八年（1620年）四月，55岁的王皇后经历了备受万历帝冷落的一生后离开了人世。三个月后，朱翊钧也死了。王皇后体弱多病，精神上一直受尽煎熬，但她却坚持活了下来，使万历帝等她死后册封郑贵妃为皇后的如意打算化为泡影。王皇后生前不受待见，死后总算能和万历帝葬在一起，陪伴在万历帝身边。太子即位后，上尊谥为：孝端贞恪庄惠仁明媲天毓圣显皇后。

大喜大悲的王恭妃

恭妃王氏，父亲王升，出身贫寒，是北直隶人。万历初年，朝廷在北京及附近郊区挑选一批出身清白人家，年龄在9~14岁之间的女子入宫当宫女。经过多次甄别与淘汰后，王氏被选中，分到慈圣太后的宫中。

万历九年（1581年）冬季的一天，16岁的宫女王氏早早起床，稍稍梳洗打扮，便忙开了。这时，朱翊钧信步来到慈宁宫看望母亲，慈圣太后不在，他便要在一旁干活的王氏端水给他洗手，王氏连忙打好水，双手端到明神宗跟前。明神宗见王氏相貌端丽，神态大方，眼光竟盯在了她的脸上。王氏在明神宗的注视下，一抹红晕飞上脸颊，含羞地低下头。此情此景，朱翊钧竟被王氏少女的娇怯打动，动情地临幸了她，他心满意足地走了，王氏手摸着滚烫的脸颊，心仍在怦怦直跳，如梦一般。不过事后，万历帝没有赏赐她任何东西。按照宫规，皇上临幸任何女人，都要有所赏赐。

不久，王氏便感到身体的异样反应，当她确认自己怀孕时，喜极而泣。在偌大的皇宫只有皇帝一个真正的男人，身为宫女得到皇上的临幸实属少见。皇上的妃嫔如云，宫女们绝大多数只能在侍婢生涯中度过青春，红颜衰老后，或配给宦官做"对食"，或打发到皇宫西北部去养老打杂，老死后，尸体火化，埋在没有标志的墓地。王氏不仅得到皇上的临幸，而且只一次便怀了龙种，这在有明史以来，200余年间极为罕见的。王氏做梦也想不到，这样的好运竟降临到她的身上。

慈圣太后发现王氏怀了身孕，便在四月的一天，召万历帝陪她宴饮时，问他："我宫中王氏，被你召幸，现已有娠了。"万历帝一听，脸腾地红了。王氏是母亲身边的人，自己背着母亲临幸王氏，怕母亲训斥，当时就不准左右透露。因此，对母亲的询问，他抵赖，矢口否认。慈圣太后便命内侍取来《内起居注》，原来宫中设有文书房，专门负责记录皇帝的起居，哪一天，哪一个妃嫔或宫女在何处承幸，赏赐了什么，上面记得一清二楚。他看了，只好承认。这时，慈圣太后和颜悦色地对他说："我老了，还没有孙子，如果她能生一个儿子，也是宗社的福分，母以子贵，不可因为她是宫中的下等人，就抵赖不认。"万历帝连忙答应，于是当月册立王氏为恭妃。八月，王恭妃真的生下儿子，取名朱常洛，是万历帝的第一个儿子。

王氏由一介宫女升为恭妃，且生了皇长子，可谓是幸运至极。可是她绝不会想到，她的好运已到了尽头，厄运正在向她走来。

明神宗临幸王氏，完全是心血来潮，过后对她再没有兴致。尤其自郑淑嫔进宫后，其他的女人在他的眼里都失去了魅力，更不用说王恭妃了。他完全被郑嫔迷住了，不久就册立她为德妃。可怜皇长子因母亲缘故，一生下来就受到冷落。按理说皇长子出生，是宫中最大的喜事，该隆重庆贺一番，可是明神宗却下旨一切恩礼从简。与此成鲜明对比的是，万历十四年（1586年），郑妃生下皇三子朱常洵，他不仅在宫中大摆宴席，而且立即册封郑妃为皇贵妃，地位跃居众妃之上，仅在皇后一人之

下。万历帝这种违背礼制的厚此薄彼，不能不令朝臣们起疑心，况且宫中又传出万历帝曾与郑妃到皇宫西北方向的大高元殿去烧香拜佛，似乎当时还对郑妃做了某种许诺。于是给事中姜应麟率先发难，上疏直谏，指出："郑贵妃生皇三子（皇二子早夭）就犹正位中宫，而恭妃生皇长子却位居郑贵妃之下，这种情况违背了伦理纲常，使人心不安。要安定人心，还请皇上收回成命。如果是情不容己，那么请先封恭妃为皇贵妃，然后再封郑妃，这样既不违礼也不废情。如果皇上想正名定分，不妨册立皇长子为东宫，以安定天下之本，慰藉臣民之心，使宗社得以长久。"万历帝勃然大怒，狠狠地将奏章摔到地上，大骂姜应麟是疑君卖直，下旨谪姜应麟为大同广昌典史。但他怕激起众怒，又在旨中表示"立储自有长幼"，于是群臣抓住这个口实，纷纷要求他兑现；他狼狈不堪，只好耍赖，由此引发了一场长达15年之久的争国本事件。

这15年中，王恭妃每日都在替儿子担惊受怕。万历帝不仅不肯立皇长子为太子，而且对皇长子百般刁难，已到了匪夷所思的地步。他丝毫不关心皇长子的教育，直到皇长子13岁时才在群臣的力争下，让他出宫讲学，但不许礼、工、兵等部按礼制所规定的标准，为皇长子讲学准备仪从。一次天寒地冻，皇长子长袍内仅一件寻常狐裘，出来讲学，瑟瑟发抖，而宦官们却在密室里围炉烤火。直到讲官郭正域大声呵斥，宦官们才把炉子抬出来给皇长子用。这事传到明神宗耳中，他无动于衷，竟毫无半点怜惜之情。更令王恭妃痛心不已的是，明神宗因为郑贵妃挑拨说"皇长子整天与宫女嬉戏，早已不是童体了"，竟派人到她和儿子居住的景阳宫，来验证皇长子是否还是童男子。王恭妃气得全身发抖，悲痛地说："13年来，我一直与常洛同居，片刻也不敢离开他，就是怕有人

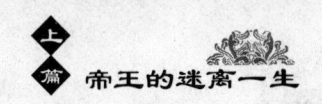

诬陷，没想到真有这一天！"幸好来人如实向万历帝做了汇报，皇长子才平安地过了这一关。

皇长子的艰难处境最终引起慈圣太后的注意。万历二十九年（1601年）正月的一天，万历帝到慈宁宫看望母亲。慈圣太后问道："常洛已经 19 岁了，为什么还不册立为太子。"万历帝随口答道："他是都人所生！"这句话刺到了慈圣太后的痛处，她大发雷霆："你也是都人所生！"都人是内廷对宫女的称呼，慈圣太后生万历帝时也是宫女。万历帝看到母亲发怒，吓得跪伏地上，嘴里不停地说："马上册封，马上册封。"拖至十月，终于册立皇长子为太子。

儿子被册为太子，王恭妃的处境却并没有改善。她从宫女升为恭妃，本为偶然，已是上天的眷顾，她并无太多的奢望。但她想不到儿子册立为太子，移居迎禧宫后，万历皇帝竟不让她母子见面。母子暌别，这种打击令她终日以泪洗面，度日如年，以致泪水流干，双目失明。

万历三十四年（1606 年），王恭妃的长孙出生，在大臣们的一致要求下，明神宗才册立她为皇贵妃，比郑贵妃整整晚了 20 年。

万历三十九年（1611 年）九月，王贵妃重病在床，太子恳求万历帝允许他去看望母亲，总算获准。太子走到母亲宫前，却见宫门紧锁，寂然无声。他找来钥匙开门进去，走到母亲床前，看到母亲瘦如枯槁，双目紧闭，忍不住失声恸哭。王贵妃听见儿子的哭声，挣扎着爬起来，瘦骨伶仃的手在儿子的脸上细细摸了一遍，然后拉着儿子的衣角，哭着说："儿长大如此，我还有什么可恨的。"说完，便咽了气，结束了自己大喜大悲的一生。

恃宠谋权的郑贵妃

郑贵妃，郑承宪之女，北京郊区大兴人。万历十年（1582年）三月，郑贵妃和其他八位女子一起被迎娶进宫，被册立为淑嫔，时年15岁。

郑贵妃进宫的这一年，万历帝的生活中发生了两件大事，一是内阁首辅张居正去世然后遭清算，二是皇长子朱常洛出生。前者使他第一次尝到了亲掌国家大权的快感，后者使他从此摆脱母亲慈圣太后的严格管束，开始领略自由自在的滋味。在这最合适的时机，郑贵妃走进了他的生活。

郑贵妃读过不少书，深知光凭女色只能迷住皇帝一时，不能长久，要想得到皇帝的终生宠爱，必须靠自己的智慧和手腕，获得皇帝的深深眷恋，才能实现自己和家人飞黄腾达、荣华富贵的目的。作为一个非常聪明、意志坚定、做事积极主动的人，郑贵妃极善于揣摸人的心理。她很快发现万历帝虽然贵为天子，富有四海，实际上却孤独无助，所有的人包括他的母亲都有意无意地将他作为一台执行任务的机器，而不是一个有血有肉、有七情六欲的人。因此，郑贵妃很清楚他需要什么。别的妃嫔表面上对他百依百顺，骨子里却对他保持着距离和警惕，郑贵妃却敢于挑逗和嘲笑皇帝，毫无顾忌，和他嬉戏时，竟然讥笑万历帝是"老妈妈"，朱翊钧也不生气。玩闹归玩闹，更重要的是在生活中郑贵妃对朱翊钧给予了无微不至的关心，不仅对他在精神上加以鼓励，而且在行动上给予支持。在朱翊钧眼中，郑贵妃是妻子，更是知己，茫茫人海中只有郑贵妃的心与他贴在一起，因而对郑氏的宠爱终生不改。为了郑贵妃，他付出了惨重的代价。

万历十四年（1686年），郑贵妃生下皇三子朱常洵。万历帝不仅在宫中隆重庆贺皇三子的降生，而且立即册立她为皇贵妃，位居众妃之首。郑贵妃对自己在万历帝心中的地位有了切实的把握，于是开始恃宠谋权的行动。

郑贵妃很清楚，要想达到自己的目的，关键在于把儿子推上太子的宝座，而这首先要取得万历帝的支持。就在皇三子出生后不久的一天，万历帝陪郑贵妃去位于皇宫西北方向的大高元殿烧香拜佛。谒神时，她要万历帝在神像前抽签，看立皇三子为太子是否符合天意，由于她早做了精心安排，抽签的结果自然是符合神意。在郑贵妃的要求下，两人当即在神前密誓要立皇三子为太子，然后把密誓写在纸上，密封在玉盒中，等待时机付诸实现。郑贵妃然后与父亲郑承宪、哥哥郑国泰、侄子郑承恩密谋，要他们在外廷配合自己的行动。由于郑贵妃受宠，郑承宪和郑国泰封官授爵，郑承宪官至锦衣卫都督同知，郑国泰当了锦衣卫都指挥使。他们并不满足仅仅鱼肉百姓、横行霸道，他们要成为朝中最有权势的人。

郑贵妃与万历帝在大高元殿密誓一事很快传到外廷，本来万历帝册立她为皇贵妃而不册立王恭妃，已引起朝臣们的疑心，又得知他已对郑贵妃做了许诺，群臣激愤。给事中姜应麟率先发难，要求皇帝先册立王

恭妃为皇贵妃，然后再册立皇长子为太子。万历帝大动肝火，拍着桌子，吼道："册封贵妃是因为她敬奉勤劳，与立太子无关，科臣为何讪朕。"下旨将姜应麟贬出京城。但同时又表示"立储自有长幼"，于是朝臣们抓住这句话，要求皇帝兑现。郑贵妃在宫里对万历帝猛吹枕边风，要他采取拖延的办法。郑承宪、郑承恩、郑国泰以及投靠他们的少数朝臣，则在外廷一边散布缓立太子的好处，一边唆使皇帝阻止朝臣对立储的议论。群臣很快识破了郑贵妃及其家人的险恶用心，御史陈登云就直接谴责郑承宪"怀祸藏奸，窥觎储贰"，并揭发他们的居心是想将来立皇三子为太子，其他朝臣也纷纷响应。至此，围绕立储，统治阶级内部分裂为两个集团，一个集团是立储派，主张马上就册立太子，并且明确提出要皇长子进入东宫，他们没有固定的为首人物，但为数众多；另一个集团则主张不忙立储，也不明说以后立谁为太子，这一集团以郑贵妃为首，主要力量是郑承宪、郑国泰、郑承恩及一些投靠他们的朝臣，万历帝是这一集团的后台。

面对立储派的猛烈攻击，郑氏集团狼狈不堪，为改变被围攻的局面，郑国泰等人听从御史何选的建议，以退为进，以"朝野公论，郑氏祸福"的利害关系劝说郑贵妃做出姿态，向万历帝建议立储，他们则同时上疏，"请早立国本"。万历帝则配合他们使出"苦肉计"，将郑承恩贬为庶人，郑国泰夺俸一年，然后把郑贵妃的请求和郑国泰的奏疏给朝臣看，斥责大臣们"冤枉好人。"郑氏集团放出了"烟雾弹"后，让万历帝在前台与朝臣周旋，他们则韬光养晦，伺机打击对手。

万历二十四年（1596年），司礼监太监陈矩进献刑部侍郎吕坤任山西按察使写的一部《闺范图说》给万历帝，万历帝把书拿给郑贵妃看。

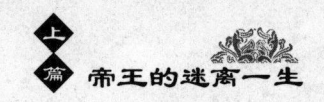

郑贵妃看到书中记载，"汉明德马皇后由宫女晋升为皇后"，仔细琢磨，咂出其中用意，心中一阵狂喜，于是亲自为该书作序，序中写道："储位久虚，曾脱簪待罪，请立元子。今已出阁讲学，借解众疑。"并在书中增加自己在内的十二个妃子的事迹后，花钱重刻，广为传播，为自己进位中宫制造舆论。万历二十六年秋天，有人匿名为《闺范图说》写了一篇名叫"忧危议"的"跋"，一针见血地指出，吕坤编撰的《闺范图说》开篇就写汉明德马皇后由宫女进位中宫，意在暗示郑贵妃要入主后宫，以取悦郑贵妃；而郑贵妃重刻此书，并将自己加进书中，是想借此书作为册立自己儿子的佐证。这篇匿名文章的广泛流传，犹如捅了马蜂窝，引起朝臣的哗然，他们纷纷上奏，对郑氏集团的居心予以揭露。郑氏集团气极败坏，他们认定文章是死对头给事中戴士衡和全椒县（今属安徽）知县樊玉衡所写，于是郑贵妃对万历帝哭诉，要万历帝严惩二衡，而郑承恩、郑国泰则上奏，告二衡"假造伪书，中伤善类"。一向支持郑氏集团的万历帝，看罢奏疏，暴跳如雷，半夜传旨，将戴士衡、樊玉衡下狱拷问，天一亮，便把他们分别谪戍廉州（今广西合浦）和雷州（今广东海康县），但立储派并没有被吓退，继续坚持斗争。

万历二十九年，皇长子朱常洛虚岁20，已过冠婚年龄。立储派又群起上疏，要求先册立皇长子为太子，再以太子的礼仪举行婚冠大典。而郑氏集团则大唱反调，"请皇长子先冠婚后册立"，并且要皇三子一同冠婚，旨在掩饰皇长子与其他皇子之间的贵贱差异，再次拖延太子的册立时间。郑贵妃故伎重施，在万历帝面前哭闹不已，要他履行在大高元殿神像前的密誓，坚持不册立皇长子为太子。于是万历帝下旨要先为皇长子举行婚礼，册封之事以后再说。立储派不仅封还谕旨，据理力争，而

且把这件事闹到久不过问朝政的慈圣太后那里。慈圣太后得知万历帝和郑贵妃所作所为已触犯众怒,甚至可能会引起政治危机,于是召见万历帝,命令他立即册立皇长子为太子,以稳定人心,巩固统治。万历帝在内外压力下,一筹莫展,一日突然想起玉盒中的密誓,打开一看,密誓几乎快被虫子蛀光了。见此万历帝打了个冷战,以为天意如此,他再也无法顾及郑贵妃,于这年十月宣布册立皇长子为太子。郑贵妃见多年的谋划以失败告终,不禁痛哭流涕,在他面前寻死觅活。为安抚郑贵妃,万历帝在册封太子同日,下诏书册封皇三子为福王,并允许福王暂不去封地,留在自己身边;对福王即将举行的婚礼和新建府邸的费用,超出十倍拨给,还封赐郑贵妃及其家族。闹了15年之久的立太子风波,总算告一段落。

郑贵妃也是明朝最可悲的后妃。她为爬上皇后的宝座,一生挖空心思、绞尽脑汁,却最终与皇后无缘。以她的美色、智谋、能力、意志,搁在明朝初期或者中期,或能登上皇后的宝座。可是,她出生得太晚,她所处的时代皇权已大大衰落,皇帝成为处置国事的一个权威性象征,国事的实际处置权掌握在大臣们的手里。经历了万历帝为所欲为所带来的惨重教训之后,大臣们再也不能容忍万历帝的任意妄为,他们竭力把万历帝纳入他们所崇奉的规范里。同时,万历帝是一个意志薄弱的皇帝,面对朝臣们的抗争,他缺乏必胜的信心和勇气,转而消极怠工、泄愤报复,因此郑贵妃虽然有万历帝做靠山,却始终无法达到自己的目的。郑贵妃为了自己的儿子不顾一切地去闹、去争、去敲榨,晚年却与儿子睽离,至死也未能与儿子见上一面;她一生得到万历帝的宠爱,死后却无法陪在万历帝身边,孤零零一人躺在墓中,真是机关算尽,到头来一场空!

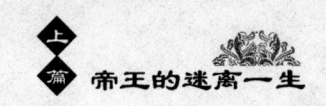

崇祯皇帝：自缢而死有疑问

在诸多亡国之君中，恐怕很难再找出像明朝末代皇帝崇祯帝这样在殚精竭虑、日理万机的情况下无可奈何地用死来宣告自己王朝的覆灭，也很难再找出一个想尽办法救国而不为自己的家族考虑后路的末代皇帝。然而，崇祯皇帝为什么自缢而死？给后人留下了巨大的谜团。

中国唯一一位信奉天主教的皇帝

在我国的历代君主中，只有明思宗崇祯帝信奉欧洲天主教。

朱由检，以异母弟的身份入继大统，承继其兄明熹宗天启帝的皇位。即位时，他颇表现出励精图治，事必躬亲，挽狂澜于既倒，要中兴大明的一种魄力。他将奸臣魏忠贤及其党羽一网打尽，其果断丝毫不亚于康熙擒鳌拜。

当崇祯皇帝继位时，天主教在明朝已发展了五十多年。这是由意大利耶稣会传教士利玛窦传入的，到了天启六年（1626年），欧洲天主教在明朝已有六个地方教会，共有一万三千多教徒。

到了崇祯帝末年，明朝宫廷内的王公大臣信奉天主教者已达114人，其中宦官信奉天主教者有40人。

崇祯皇帝应该是受到徐光启的影响而信奉了天主教。徐光启在天启时代官至礼部侍郎，到了崇祯帝时，官至礼部尚书兼东阁大学士入参机务。他本人是一个科学家，又懂军事。

当时钦天监官员们测日食不准确，内阁官员徐光启便推荐西洋传教士龙华民等人入宫协助制定新历，由徐光启为监督。西洋历法推算日月食非常准确，这也使崇祯帝对教会有了好感。

根据当时的《圣教史略》记载，汤若望也是鼓励崇祯皇帝信奉天主教的人士。他曾在崇祯十三年（1640年）上书崇祯帝，劝他信奉天主教。崇祯帝信奉天主教后，便诏谕臣下，凡是名字中有"天"字者，都要改掉，以尊敬天主也，可见他对教会的虔诚。不过，后来崇祯帝的殉国使教会的发展事业暂停一时。

不像清朝那样钻研西方科学历算、卖弄自己科学精神、科学兴趣的作秀姿态，崇祯皇帝实行的一些政策，以及他本人接纳西方科学并加入天主教的行为，倒是切切实实地推动了中西方科技的交流，促进了科学水平的进步，培养了一批科学人才。

内阁官员徐光启在1629年给崇祯皇帝的奏折中提出"欲求超胜，必

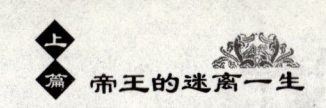

须会通；会通之前，必须翻译"，这一主张得到了崇祯皇帝的全力支持。明朝民间和官方同时展开了对西方科技思想书籍的大规模翻译。

在明朝官府的支持下，徐光启生前围绕着编写《大明崇祯历书》而对西方天文数学著作进行了大规模的翻译和引入，这一点下面会介绍到。徐光启死后，李天经接任了他在科学方面的工作，不仅继续完成了《大明崇祯历书》余下部分的编写，而且按照徐光启"欲求超胜，必须会通，会通之前，必须翻译"的原则，在明朝官府的支持下，继续组织人力、物力对其他西方科技著作进行翻译。

比如《坤舆格致》就是在李天经主持下，由汤若望、杨之华、黄宏宪合作翻译，共四卷，原著是德国学者阿格里科拉的《矿冶全书》。《矿冶全书》共十二卷，是欧洲矿冶技术的一部经典著作，书中介绍了各种金属的分离、制取和提纯方法，也详细介绍了各种无机酸的制法，包含有许多重要的化学知识。崇祯十六年（1643年）十二月，崇祯皇帝批示户部将《坤舆格致》分发各地，"着地方官相酌地形，便宜采取"。只可惜，随着明朝的灭亡，不仅崇祯皇帝的批示没有办法落实，连这本中西学者合力翻译的书籍后来也散佚了。在清朝统治下，不仅是这类明代翻译的科技书籍遭到如此命运，就连本土的《天工开物》也长期失传。

但是这本书中涉及的化学知识，有一部分明朝的知识分子是已经掌握了（当然随着明朝的灭亡，已经掌握的知识也会消失）。例如在《中国通史第九卷明时期（下册）》中第三节《西方化学知识的传入》有相关介绍，徐光启的《造强水法》和方以智的《物理小识》中提到了制造无机酸（如硝酸或硫酸）的方法以及一些无机酸的性质。

崇祯帝时期，李天经组织翻译的重要书籍还有《主制群征》，里面就

牵涉到康熙和他的大臣所认为的："其所云人之知识记忆皆系于头脑等语，于理实为舛谬。"根据《明清之际传入中国之西方生理学》一文，这本书介绍了神经系统，里面"叙述了脑的结构功能以及与脊髓连为一体。还有脑神经的数量（六对），以及其中五对的功能。脊神经的数量（三十对），并初步描述了神经之遍布全身，另外还有神经的结构。"《明清之际传入中国之西方生理学》这篇文章的题目有"明清之际"，但实际上里面真正介绍到的书，全是明朝时期编写的。列举如下：

《泰西人身说概》《人身图说》（相同时期），《西国记法》《性学概述》《主制群征》《泰西水法》。以上都是明朝的书籍，只有一部满文的《解体全录必得》，算是清朝的，然而这本书根本没有印行，只是西方传教士巴多明的手稿，是供给康熙一个人看的。

在崇祯年间的李天经时期，还有官府组织编写翻译的其他三十多部天文学译著，这里就不详细说了。

这里对《大明崇祯历书》特别介绍一下。崇祯二年，崇祯皇帝亲笔批准了内阁官员徐光启提出的宏大的修历计划，并且要求他"广集众长，虚心采听，西洋方法不妨兼收，各家不同看法务求综合"。

内阁官员徐光启奉崇祯皇帝旨，在钦天监开设西局，又于1629年由徐光启、李之藻、李天经，先后以西法督修历法。其间任用欧洲传教士汤若望（德国）、罗雅谷（意大利）、龙华民（意大利）、邓玉函（德国）等修成《崇祯历书》共46种137卷。

《大明崇祯历书》并非如某些人顾名思义想象的那样，仅仅是一部历书。更确切的说，这是一部在崇祯皇帝为首的明朝官府支持下修纂的引进西方数学天文知识的大型丛书。

在《崇祯历书》中，《大测》《测量全义》《割圆八线表》《八线表》《南北高弧表》《高弧表》引入了球面三角学和平面三角学，《比例规解》《筹算》引入两种计算工具，和过去徐光启、李之藻等人翻译的《几何原本》《同文算指》《圆容较义》综合起来后，已经把西方数学中几何、算术、计算工具等基本内容系统传入了中国，而且这些工作中一大部分是在明朝官府有意识的组织下进行的。

《大明崇祯历书》所达到的成就，在当时的世界上，也是最先进的。明朝政府所组织编写的这部《崇祯历书》是真正做到了崇祯皇帝所说的"西洋方法不妨兼收，各家不同看法务求综合"。

过去常常有一种说法，说《大明崇祯历书》仅仅引入了第谷体系，而没有引入当时最先进的哥白尼体系，其实这种说法是错误的。席泽宗院士的弟子江晓原教授把《崇祯历书》称为是当时西方天文学的百科全书，关于《崇祯历书》和当时西方最先进的哥白尼学说的关系，他有一段话，引用如下：

"《崇祯历书》不采用哥白尼学说，而是利用第谷的体系。讲这些话的人，他们大概从来不看《崇祯历书》的。《崇祯历书》里面大量引用了哥白尼《天体运行论》中的章节，还引用了很多图，所以《崇祯历书》对哥白尼学说应该说没有偏见。

"哥白尼的体系，从精度上来说可能是当时几个竞争者中最差的，因为哥白尼本人并不是一个很好的观测者，而第谷他是一个极其优秀的观测者，他关于仪器的刻度、误差方面在当时欧洲做得是最好，他的体系在实测和理论推算之间的吻合上是做得最好的。

"《崇祯历书》为什么不采用哥白尼体系，因为当时哥白尼体系在理

论上、实测上都还不很成功。因此当时的天文学家对哥白尼学说持怀疑的态度是很正常的。我们今天熟知的地球绕太阳转的证据，是到了18世纪才最终被发现的。我们今天相信哥白尼是对的，但是那个时候证据还没有被发现。所以《崇祯历书》采用了第谷的体系。《崇祯历书》对一些欧洲重要天文史上比较重要的学说，包括哥白尼的学说，都做了介绍，并且把哥白尼作为欧洲历史上最伟大的四个天文学家之一。

"从精确程度上来说，当时是第谷体系最好，但是他们对哥白尼并没有偏见。按照今天的看法，有的人觉得他们给哥白尼的地位太低，但以客观的立场来分析的话，他们的态度应该说还是实事求是的，是恰当的。"

由此可见虽然崇祯皇帝没有像康熙那样自己摆出精通西方科学的姿态，或者搜罗那些天文仪器当成皇宫里的摆设玩物，但实质上明朝末期东西方科技交流与中国本土科学人才的培养取得了远比康熙时期要大得多的成就，而且民间的科学兴趣、科学活动也比康熙时期要活跃得多。

崇祯皇帝子孙的命运

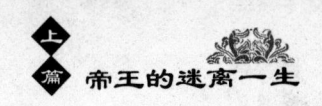

在诸多亡国之君中，恐怕很难再找出像崇祯帝这样在殚精竭虑、日理万机的情况下却无可奈何的用死来宣告自己王朝的覆灭的例子，也很难再找出这样一个想尽办法救国而不为自己的家族考虑后路的末代皇帝。按常理说，即使崇祯自己爱面子，，不肯被人笑作临阵脱逃，但怎么也应该让太子到南京暂避。如果这样的话，即使北京陷落，他自己在煤山自尽后，作为陪都的南京也可以立即以太子为中心建立起名正言顺的"救亡政府"，又何至于有什么"福、潞之争"以及多次的"北来太子案"？

可是，崇祯皇帝除了好面子之外，最大的弱点就是多疑，很难想象在他心中有什么人是可以信任的，包括他的儿子。自己不去南京是因为面子，而不让儿子去南京，就是多疑——他害怕自己成为李隆基第二，已经16岁的儿子要是在南京自立为帝，奉自己为太上皇，把自己架空，该怎么办？所以，在担心北京难保玉石俱焚的焦虑心情下，崇祯皇帝死死拉着他三个儿子与自己一起坐等着北京沉没在农民军的汪洋大海中——这很不符合常理和逻辑，可事实就是如此。

九门相继落入敌手，崇祯把皇后、妃子、公主们杀死或赐死，自己也可以一死殉国，但对于三个儿子，总还是存着他们能够逃出去重振社

稷的希望，便把他们交给心腹太监们让他们想办法逃出去。但那些平常里最受皇帝信任的太监们可没有什么赤胆忠心，面对北京到处都是农民军的情况，他们或是把皇子留在街上让他们自生自灭（这还算是仁慈），或是干脆拿着皇子去向大顺军请功，于是，皇子们全都落入了李自成的手中（取自《甲申核真略》和《定思小纪》的说法）。

李自成并没有立即杀死他们，而是带着他们去征讨打着"克复神京、奠安宗社、乾坤再整、日月重光"旗号来和他作对的吴三桂，为的是挟皇子以令吴三桂——李自成自然不会知道吴三桂后来对南明永历帝的所作所为，否则的话绝不会想出这个主意。在山海关，李自成被吴、满联军击败，接着一败再败，三位皇子竟奇迹般地活了下来并摆脱了大顺军，走上了各自不同但最后殊途同归的路。

说"殊途同归"，是因为三位皇子虽然相差了几十年，但最后都死在清朝廷手中。

太子朱慈烺的身份最尊贵，但运气和遭遇也最差。从大顺军中逃出后，为了寻找亲人，他回到已经落入大清手中的北京，找到了自己的外祖父周奎，寄居在了周家。和自己的妹妹，那个被崇祯帝砍掉一只胳膊的长平公主重逢后，兄妹俩抱头痛哭。然而势利的周家人哪里会保护安置这位烫手山芋？太子的舅舅周绎出面要刚安顿了两天的太子马上走人。在乱军当中吃够苦头的太子早就一肚子怨愤，面对这些臣子加亲人的不忠不义，与自己的舅舅大吵起来。双方的打斗惊动了邻里和巡捕，周奎见已瞒不住，便把自己的外孙子举报了。

无端地抓住了大明王朝的真命天子，对清摄政王多尔衮是个难题。明太子的落网并不简单，无论是杀是留都很麻烦。作为外来入侵者，清

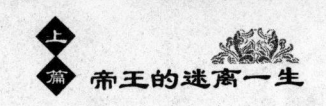

人为了收买人心可以礼葬崇祯皇帝,可以善待所有不再抵抗的人,但对于障碍他们一统中原的人物也绝不会手软。可明太子正好处在这两种态度的矛盾当中,若是留着他,明朝的忠臣义士就会心怀希望的打着他的旗号前赴后继。可如果杀了他,大清精心炮制出来的为明朝报君父之仇的幌子就会不攻自破。

作为一个精明的政治家,多尔衮很快想出了一个一箭双雕的好主意,那就是——让人指出太子是假的,以冒充太子之罪将真太子杀掉,于是,一场"认证真伪太子"的闹剧上演了。首先是亲人指认,太子外公周奎和舅舅周绎自然领会了摄政王的意图,一口咬定太子是假冒的,长平公主坚持说是真,被周奎打了一个耳光后也不敢再说话。原太子的侍奉太监有几个不知天高地厚地指认是真,马上被处死,剩下的也只好承认是假,做过太子老师的原内阁大学士谢升也指出是假。太子却当众说,谢先生,某年某月某日,你讲书时说过某事,现在还记得吗?弄得谢升哑口无言,怏怏而退。但结果已内定,太子是假的!还有人上表坚持说是真的?好办,杀!一气杀了十五个争辩的大臣,终于没人敢说话了。太子在被压上断头台的时候也许会明白,父皇受到礼遇是因为死了,而活着的自己回来只有死路一条,他终于连以一个前朝太子的身份去死的机会都没有了。

皇三子定王朱慈灿,一直以来下落不明。直到康熙十八年三藩之乱末期,定远大将军安亲王岳乐在湘中抓获了一帮乘乱招兵买马的草头王,发现他们有一个同党自称叫朱慈灿。抓获后,发现其供述的情况极像朱三皇子,与顺治八年、十二年、十三年、十六年和康熙十二年打着"朱三太子"旗号起义诸多皇三子大不相同,很有可能是真的朱慈灿。这回,

清朝政府可比刚入关的时候成熟多了，康熙皇帝漫不经心地说道："彼时朱慈灿年甚小，必不能逸出，今安得尚存？大约是假。"便决定了这位"朱三太子"的命运——以一个打着太子旗号的混混的身份杀掉。

最幸运应该是最小的皇四子永王朱慈焕，在大顺军中与两个哥哥失散之后，他跟着一位姓毛的将领逃到了河南，种了一年地。后因为清政府清查"流贼"，姓毛的逃走，他又一个人流浪到凤阳。在此地他遇到了一位前朝姓王的给事中，老给事中念及皇恩，将他收养在家，并改姓为"王"。在王给事中去世后，朱慈焕又流浪至浙江，遇到了一位前朝姓胡的官员，这位胡大人也是个心念故国的人，便将自己的女儿许配给他。从此朱慈焕以余姚王士元为名，靠教书为生，直到康熙四十七年，他已经75岁，并且组成了有一妻一妾，六子三女一个孙子的大家庭。他对于自己的身世一直守口如瓶，但作为明朝皇室的嫡系子孙，他最终也没能摆脱那高人一等的意识，按皇家的传统，在为所有的儿子取名时以"和"字排辈，最后一字都为带有土部的怪字。这些举动逐渐为人们所注意，一位念一和尚在浙东起义时便打着他的旗号，终于使这位隐藏了几十年的前明龙种遭到了灭顶之灾。化名王士元的朱慈焕全家被捕，他的妻妾和女儿都自缢而死，男性家人也无一漏网。朱慈灿否认自己参与造反，他对主审官说："今上有三大恩于前朝：流贼乱我国家，今上诛灭流贼，与我家报仇，一也；凡我先朝子孙，从不杀害，二也；吾家祖宗坟墓，今上躬行祭奠命人洒扫，三也。况吾今年75岁，血气已衰，鬓发皆白，乃不做反于三藩叛乱之时，而反于清宁无事之日乎？且所谓叛乱者，必先占据城池，集屯粮草，招兵买马，打造盔甲。吾曾有一于此乎？"话说得合情合理，而且也确实没有他参与造反的证据，可是，因为他是前明

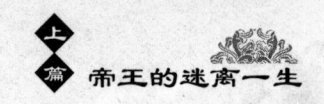

皇子，就只能是死路一条。康熙皇帝又玩起了多尔衮的那一套，拒不承认朱慈焕的真实身份。清廷九卿审讯之后奏报："朱三供系崇祯第四子。查崇祯第四子已于崇祯十四年身故。又遵旨传唤明代年老太监，俱不认识。朱三名系假冒，朱三父子应凌迟处死。"

所有明末清初的史籍都没有记载崇祯第四子在崇祯14年亡故，而且已经事过60多年的老太监又如何认得当年的皇子？可惜，杀机已现，断难挽回，这些连康熙自己都不信的证据就把"王老先生"朱慈焕全家送上了黄泉路，朱慈焕凌迟处死，所有子孙除死于狱中的，全部斩立决。

至此，崇祯皇帝的子孙全都是以假冒他的子孙的名义彻底被消灭。清朝皇帝一直在高唱举逸兴绝，善待前朝帝裔，以此来表示自己的宽仁大度和守礼好古，康熙皇帝还表示过："朕意欲访察明代后裔，受以职衔，裨其世受祀事。"但当真的前明后裔出现的时候，都聪明地用不承认身份的办法来食言。我是说过要保护善待你，可你不是你，所以我必须杀你。中国统治者历来都用这种办法来保持自己的伟光正，我是说过要虚心纳谏，但你说的不是忠言，是诽谤今上，所以你得死；我是说过要人人平等，但你是敌人，所以不能用平等来对待你；我是说过要提倡清廉，但你清廉是在沽名钓誉，所以我要整你……凡此种种，不一而足，所承诺所标榜的经常改变，不变的是当权者的伟光正。

崇祯皇帝遗书道出自杀幕后的秘密

一位励精图治的君主，最终却以自杀结束了277年的一代王朝；一封匆忙留下的遗书，却意外道出了自杀幕后的真相。崇祯之死是对江山亡于我手的悔恨自责，还是走投无路后的被动选择？

1644年一个春日的拂晓，往日庄严肃穆的紫禁城里一片混乱。一位中年人在一个随从的搀扶下爬上了紫禁城北边的万岁山，他们找到两棵一人多高的海棠树，然后拿出随身带着的绳子，上吊自杀了。

这个上吊自杀的中年人就是大明朝的末代皇帝朱由检。崇祯皇帝死得非常狼狈，据说当时他穿着蓝色的衣服，头发披散，左脚光着，只有右脚上穿着一只红鞋。即使在这样的情况下，崇祯皇帝为了避免后人对他的死产生不必要的猜测，还是特意留下了一封遗书，对自杀做了一个说明，那么这个当了17年皇帝的崇祯究竟为什么会自杀？他的死又是谁造成的呢？

时间回到崇祯十七年的正月。这一段时间，京城冥冥中似乎弥漫着一种不祥的意味，始终是天色晦暗，尘土飞扬，往日节日的喜庆早已被今日的焦虑不安所取代。有钱的富户开始挖地窖藏金银财宝，官宦人家也开始暗中收拾细软，做好了离京的准备，京城陷入了茫然恐慌之中。

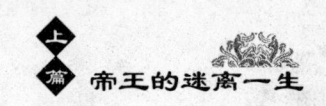

让北京城陷入恐慌的是漫天飞舞的传言。先是传说大顺军队已开出关中，进入了山西地界，很快就要打到北京了；又有人说，大明皇室的老家安徽凤阳发生了严重的地震，震动了大明朝的龙脉；甚至于有人传说夜晚经过紫禁城正门，经常会听到鬼魂的喧闹和哀嚎，那些鬼魂好像是大明朝曾经的皇亲国戚们。总之一句话，大家眼中大明朝气数已尽了。

和北京城内的恐慌比起来，皇宫中似乎平静的多。1644年的正月初三，崇祯皇帝在宫中接见了一个大臣，这次接见极为隐秘，除了崇祯自己以外没有人知道将要谈的是什么话题。谈话之前，崇祯让所有的人退出，一主一臣从清晨一直谈到了第二天的黎明破晓时节，才算把事情讨论得清清楚楚。

那么崇祯皇帝这样一次秘密的会见谈论的内容是什么呢？提起这件事还要先来看看当时中国的形势。

当时的中国已经是诸强并起，定都北京的大明皇帝崇祯，已经不是中国唯一的皇帝了，在北京东边的沈阳有虎视眈眈的大清军队，在北京的西面有李自成率领的农民起义军。崇祯皇帝在位的17年中这三股势力一直此消彼涨，但到了1644年，原来均衡的势力被打破了。年初，曾经的草寇李自成在古城西安建国，国号大顺。建国伊始，李自成做的第一个决定就是要挺进中原，矛头直指北京城。

面对这样的局面，当时大明朝的大臣们各有主张，有主和的，也有主战的，其中有一位叫作李明睿的大臣，他的建议是主张三十六计走为上，也就是逃跑，当然人家当时是没这么说，他的原话是建议北京城应该迁都，所谓留得青山在不怕没柴烧，只要咱万岁爷在，早晚咱还能打回来。

正月初三崇祯皇帝召见的正是这位李明睿，商量的话题当然也就是关于迁都的事宜。但是皇上召见大臣为什么要搞得这么神神秘秘？我们还要先了解一下崇祯的心思。

崇祯即位之初，对魏忠贤和客氏相当的礼遇，但是魏忠贤并不踏实。他的策略，就是送一些美女给崇祯皇帝，可崇祯皇帝在明代皇帝中有一个特点，就是不怎么好色。想来，在当时战战兢兢的心态下，崇祯皇帝自然对美色毫无兴趣了。

为了不让魏忠贤起疑心，崇祯皇帝将送来的绝色女子全部留了下来，但却仔细地搜这几个女子的身。结果发现，在她们身上，都藏着一颗宫中称作为"迷魂香"的小药丸，这是一种能自然挥发的春药。魏忠贤的目的很明显，是要把崇祯皇帝带坏，最好像他哥哥那样成为自己的木偶。崇祯皇帝把春药扔了，美女不动，但对魏忠贤却不动声色，依然是褒奖不断。

在魏忠贤以为高枕无忧的时候，崇祯却借着一个大臣的奏折先是逼着魏忠贤辞了职，最后更是让这个走投无路的宦官自了杀。从此，树倒猢狲散，魏忠贤余党的清算也很快就着手进行了。

以16岁的年龄对付强大的阉党，崇祯干的干净利落而且不动声色，从此以后大臣们天天称崇祯是明君圣主，最后连崇祯自己也坚信自己就是一位英明果敢的君王，对自己的政治才能相当自信。到了1644年，当李自成的军队即将打到北京，这个自信的皇上面对迁都问题的时候，他自己就有点转不过来弯子了。你想一个英明果敢的君王怎么可能自己提出放弃宗庙，放弃京城，逃跑呢，崇祯自己根本就接受不了。他不能被人议论，他丢不起这个人。那怎么办？只好找个人代自己来提出这个南

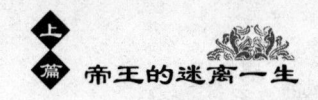

迁的计划。

南迁的目的地是南京，明太祖朱元璋曾经在南京定都，到崇祯这一代南京依然是大明朝的陪都，也算是皇城，所以那里不仅皇宫等建筑是现成的，而且官员设置和北京也差不多，更重要的是江南没有清军和大顺军的势力，安定的多。

在皇帝和李明睿彻夜研究后的几天以后，李明睿就提出了迁都的动议，但是没想到这个建议一提出来就遭到了大臣们的一致炮轰，反对的最厉害的竟然是崇祯皇帝最信任的大臣大学士陈演，陈演甚至提出皇帝应该杀了这个李明睿以安定人心。

大臣们为什么会反对这个提议？原因很简单，他们认为崇祯皇帝是个忠烈的君主，皇帝不可能同意这样一个逃跑的方案，所以纷纷表示反对以显示自己的忠诚。事到如今皇帝也只能哑巴吃黄连，把迁都的想法咽进了肚子里。既然跑不了，只有死守这一条路了。

1644年的北京城已经是相当巨大了，到底有多大呢？咱们从城墙的城蝶上，也就是城垛上就可以推算出来，这时的北京城经过明代14个帝王的轮番扩建，到崇祯这一代，仅内外城墙上修建的雉堞，就达到了十五万四千多，每两个雉堞相距大概5米左右，这么算下来北京城内外城城墙总长已经达到了75公里。但是守卫京城的三大营的兵力总数仅仅只有3万人，许多城墙根本没有士兵守卫。

据说为了征召士兵，崇祯皇帝曾经组织大臣募捐，他派太监徐高找到自己的老丈人嘉定伯周奎，让他做个表率。周奎回答得挺干脆，说我没有钱，我穷得很哪。徐高再三说明这是皇帝的意思，周奎还是不松口。到最后徐高急的哭着说皇后的爹还这样，大明算完了。周奎见话说到这

个份儿上了，只好答应捐献了一万两。其他的大臣也和周奎一样不愿意拔毛，最终这场声势浩大的募捐只募集到了二十万两。但是这些大臣们真的没钱吗？在李自成攻破北京之后，不少大臣被抄出巨额家财，皇上的老丈人周奎仅现银就被抄出五十二万，家中奇珍异宝更是不记其数。

既没钱又没人，一月中旬，崇祯皇帝召见了宁远总兵吴三桂的老爹吴襄。当时吴三桂拥有精兵3万人，是大明朝最重要也是最精良的一只军队。为了对付农民军，崇祯皇帝有意把吴三桂的军队调进关来。吴襄听了崇祯的打算，慷慨陈词说李自成绝对不是吴三桂的对手，这让崇祯皇帝十分高兴。

但是一旦调吴三桂部入关，山海关外就等于拱手送给了大清军队，崇祯皇帝实在是不好自己提出来调吴三桂回京。所以1月21日，崇祯召集大臣们集体议政，希望能有个人配合一下提出这个建议。

但是因为崇祯皇帝的想法不明朗，所以大臣也都不敢承担抽调四方重兵的责任，就这样调兵勤王的事由于大臣们的反对又搁浅。

这样一拖就拖到了三月初，此时李自成的农民军已攻陷大同，进兵宣府，离北京只有二三百公里了。这时，崇祯皇帝终于做出了放弃宁远，招吴三桂、王永吉、唐通、刘泽清四将入京勤王的决定。但是此时崇祯已经失去了对军队的控制，最终只有唐通率领8000名援军及时赶来，其他的三个将领不是称病，就是延缓。

万般无奈之下，一只由近四千名太监组成的城防军浩浩荡荡开上了北京的各处城墙。这些太监们没学过打枪放炮，在李自成攻占北京城的前3天，太监们还在学习瞄准和放炮的技术呢。

有意思的是，三月初，崇祯皇帝曾经希望的迁都方案又被大臣们翻

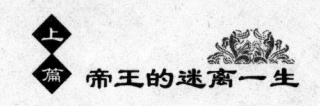

了出来了，可这时的说法改了，说是让崇祯皇帝固守京城，但是派太子到南京监国，一旦时局有变，明朝进可攻、退可守。大臣们还纷纷自告奋勇要求护送太子出行。但是这时的崇祯已经和一月份判若两人了。

崇祯皇帝一共有三个儿子两个女儿，三个逃跑的皇子后来被李自成的大顺军抓了，再后来就不知所踪了。被砍伤的长平公主昏睡了5天后终于奇迹般地活了过来。长平公主经过这一劫，得了抑郁症，顺治二年的时候请求顺治允许自己出家，但是顺治却没有同意，还将长平公主嫁给了原来崇祯选定的驸马周显。没料到喜事反倒加重了长平公主的抑郁，第二年她就病死了，死的那年她只有18岁。

再说崇祯杀完至亲后，身穿便装，带着数十名持利斧的太监，骑马跑到朝阳门。但接近城门的时候，城墙上竟然有太监向他放炮，崇祯一伙人又只好钻胡同前往正阳门，但是正阳门城楼上已经悬挂起表示情况紧急的三盏白灯笼，崇祯只好作罢。但他还不死心，又到北边的安定门，但城门怎么都打不开，崇祯皇帝看实在无法出城只好又回到宫中。

当日午夜，大顺军队已经攻入了内城，但是崇祯并不知道，在突围不成后，崇祯返回紫禁城，鸣钟开始召集众大臣，嘴里还喃喃自语说现在是上朝时间，大臣们应该上朝了，但是他敲了好一阵，却没有一个人来。

此时更敲五鼓，崇祯皇帝的身边只剩下太监王承恩一个人。两人手拉手走上了景山，到达了山顶的寿皇亭，从这里看去北京城火光冲天，杀声不断，崇祯皇帝此时心中只剩绝望。3月18日，当东方刚刚露出一抹晨曦，大明王朝的第十六位皇帝朱由检，在寿皇亭旁的一棵龙槐树上自杀身亡。

崇祯皇帝是因吝啬而亡国的吗

崇祯生性吝啬，他小时候用仿影练字，如果纸张较大而范本的字较小的话，他一定会先将纸的一边对齐范本，写完后再把剩下的地方都写满，以免浪费。尽管身为帝王，他无法随意出入民间，但为了节约起见，他却常派人直接到宫外去从民间采买物品，然后仔细地询问价格。

在奢侈成风的帝王中，这种生活方式当然可以看作是节俭和朴素，甚至可以把它看作是崇祯皇帝美德的象征。但这种近乎于守财奴式的节俭，对于他的中兴帝国之梦，却是致命的一击。

1645年2月12日，"流贼"李自成已在西安建立了农民政权，他的百万大军从西安出发，由宣府、大同进逼北京，并相继攻陷了平阳和太原，大明帝国的心脏北京城已指日可下，局势已到了火烧眉毛的时刻。无计可施的崇祯特地召见了吴三桂的父亲吴襄和户部、兵部的官员们，讨论放弃宁远，调吴三桂军队紧急入卫北京的事。但吴襄却提出，如果让吴三桂进卫北京，大约需要100万两银子的军需。100万两银子在毕生俭朴的崇祯眼里，实在是太多了，因此崇祯只得放弃这一原本还算不错的计划，然后坐困城中。

为了坚守京师，筹饷是一个大事，但此时大明王朝国库里竟然仅有

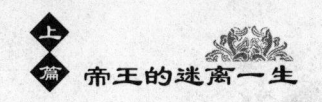

区区40万两，而与此同时，崇祯个人的财产却丰厚无比。为此，大臣们反复上疏恳请，希望崇祯能拿出他个人的内帑以充军饷。但这无疑像是要崇祯的命，他向大臣哭穷说"内帑业已用尽"。左都御史李邦华说社稷已危，皇上还吝惜那些身外之物吗？皮之不存，毛将附焉？崇祯却顾左右而言他，始终不肯拿出丝毫来保卫他的江山。李自成攻占北京后，宫内搜出的白银即多达3700万两，黄金和其他珠宝还不在其中。为了节省100万而丢掉了3700万，乃至整个万里江山，这本账自幼聪明好学的崇祯皇帝却到死也没有算清楚。

崇祯皇帝万般无奈，只得要求文武百官无偿捐助，但天下最富的皇帝都不拿钱出来，又有几个官员肯拿出自己手里的钱呢？崇祯无奈，只得密令他的岳父周奎捐10万两，以起个表率作用。老丈人周奎对自己的口袋一点也不含糊，他只是一个劲地哭穷，声称即使勒紧裤带也只能捐1万两。崇祯认为1万两实在太少。周奎不敢再讨价还价，却暗地里进宫去向女儿求援，于是周皇后背着崇祯给了他5000两，可就是这本身出自崇祯内帑的5000两银子，周奎也只捐了3000两，余下的2000两反成了他的外快！至于后台不如周奎那么硬的大臣们，尽管个个富可敌国，也纷纷装穷，甚至在自家的大门贴上"此房急售"的字样，表示他们家里已穷得只能卖房子过日子了。自天子到大臣的集体哭穷，这大约是大明王朝上演的最后一幕闹剧了，而闹剧的导演和主演自然是天子崇祯。

崇祯初年，为了节省帝国开支，他下令大幅度地裁撤驿站，因为他认为驿站的存在，既使来往的官员揩了国家的油，同时养了大量闲散的驿卒。裁撤的结果是导致大批因失业而无法生存的驿卒纷纷加入了农民起义的行列，在这些默默无闻的驿卒中，有一个就是后来的闯王李自成。

而崇祯裁撤驿站所节约的开支仅仅为30万两银子，大约相当于皇宫一个月的支出。

明朝官员薪水之低是历朝罕见的，一个知县的月薪是7.5石，约折价10两银子左右，即使是正二品的尚书，也只不过区区61石，还不到100两银子，一个官员要想维持正常的开支，这点薪水连杯水车薪也算不上。海瑞生活在万历年间，只能买两斤猪肉为其母做寿。等到海瑞晚年东山再起，被任命为正二品的南京右都御史时，竟然不得不变卖家产来置办一身官服。

在这种超级低薪的制度下，官员们如果不贪污受贿，绝对难以生存下去。而明朝的官僚制度本身，似乎对一定程度的受贿也是默许的。在明代，各个州县在征收上缴国家的正税以外还可以向百姓多征多少钱粮，一个下级地方官每年应该向上司进几次贡，每次的数额大约是多少，都有一定之规，这本身就是明代官僚体制的一部分。

但崇祯"除了个人生活节俭"外，还是一个理想主义者。他本身拥有丰厚的内帑，然而却大谈节俭，同时也要求所有官员不但要节俭，而且要廉洁。崇祯本人不清楚帝国里这种集体受贿的深层因由，却企图简单地用儒家道德来约束和要求大臣，屡屡宣讲"文官不爱钱"的古训。这样做毫无作用，反而显得圣上如同腐儒一样不解世事，迂阔可笑。反过来，崇祯则认定手下的官员都是一帮酒囊饭袋，蛀虫败类。君臣关系之紧张，历朝历代大致无过于崇祯年间。

崇祯元年七月，户科给事中韩一良在上疏给崇祯时指出，当今世上，干什么事不用钱？哪个官员又不爱钱？做官是花钱买来的，因此这些官员上任后，为了不亏本当然就得贪污受贿。韩一良举证说，每逢州县的

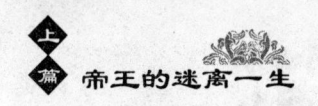

官员进京，京城的御史和给事中们号称开市，是一个捞钱的好机会，他本人两个月以来拒收的赠金就有500两。

崇祯为此专门开了一次现场会，他让韩一良站在众臣面前摇头晃脑地朗读了这一奏折，然后又让大臣们互相传阅，决定要破格提拔此人，当场就要任命他为右都佥御史。负责官员升迁的吏部尚书一面连连称善，一面却别有用心地说：韩一良所奏一定是有所指的，请皇上命他挑出最严重的贪污受贿案例来，以便以此为例进行重处。

韩一良只得支吾着说折中所言俱是风闻，并没有一个准确的事实。这下崇祯不高兴了："难道连一个贪污受贿者你也不知道，就写了这个奏折吗？限五日内奏明。"

5天后，韩一良只得纠弹了几个已被打倒的阉党死老虎交差。崇祯再次令他当着众臣朗读那本奏折，当韩读到他两个月拒收赠金500两时，崇祯立即打断他，厉声追问这500两银子到底是谁送的。韩一良只好推说记不清了。崇祯龙颜大怒，韩一良的右都佥御史没做成不说，还差点丢了命。

经过韩一良事件后，崇祯对整个帝国的文官系统越来越感到不满，对大臣们的从政能力和品德人格也持怀疑态度，此后，他在用人上总是颇多猜疑，甚至只得自己一个人去干。

纵观崇祯一生，他的内心有一种病态的不自信，这病态的表现形式之一就是对于身边所有人都怀着一种深刻的怀疑和猜忌。

在崇祯朝的17年里，崇祯一共任用过50位内阁大学士，更换频率在历朝历代都是前无古人后无来者的最高纪录，六部和都察院的首长更换也同样频繁：他共用过吏部尚书13人，户部尚书8人，兵部尚书17

人，刑部尚书16人，工部尚书13人，都察院左都御史132人，结果却没有找到一个让崇祯满意的官员。

崇祯对于前线领兵作战的高级将领，同样是怀疑加猜忌。他先后用过的袁崇焕、杨嗣昌、孙传庭、卢象升、洪承畴、熊文灿、陈新甲等高级将领几乎没有一个得到了善终，不是被崇祯处死就是孤军被围而无人过问，最后只得坐守孤城被敌生俘。袁崇焕因为擅自杀了总兵毛文龙，于是被崇祯所疑忌，皇太极的一个拙劣的反间计，就使生性多疑的崇祯立即将其逮捕下狱并凌迟处死。

崇祯的失误还在于他在位之际，总是企图用空洞的儒家道德来约束文武百官。晚明时期，士大夫包括一些名闻遐迩的理学大师虽然满口仁义道德，道德水准却惊人的低下。即便是为后人所称道的东林党人，事实上也不是那样光明磊落。

崇祯在位期间，死于他手中的高级官员共计有：辅臣1人、尚书4人、总督和督师7人、巡抚11人，侍郎以下的官员则难以计数。到了崇祯后期，一向渴望仕途通达的官员们甚至也将出相入阁看成一件可怕的事情，说不定哪一天就会因某一件事情得罪这位喜怒越来越无常的天子，转瞬之间从位极人臣到脑袋搬家。

崇祯十七年三月十八，北京城被李自成的大军围得水泄不通。李自成派人告诉崇祯，如果他宣布退位，尚可保住身家性命。崇祯在这一天下了最后一道圣旨，一方面痛骂诸臣误国，一方面轻描淡写地做了自我批评。最后却痴人说梦似的宣布，他赦免除李自成以外的所有农民起义人员，而如果有谁能将李自成生擒或杀死，则封万户侯。

当天，崇祯准备照例召开御前会议，但已没有大臣到会了。晚上，

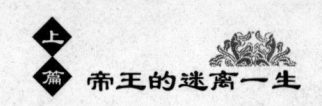

他知道大限将至，命太监为他和家人准备了最后的晚餐。酒至微醺，这位风华正茂的皇帝拔出剑来，当场杀死了妻子，在杀女儿时，他长叹道：谁让你生在帝王家呢？然后，他带着一个老太监登上了煤山，在煤山顶，可以看到北京城外李自成军队的营帐里灯火通明，宵鼓阵阵。崇祯用衣带草草地写好遗书，在遗书中，他再次强调他不是亡国之君，可他的臣子们皆是亡国之臣。

次日凌晨，崇祯恨恨地上吊自杀。

崇祯生在大厦将倾的季世，他的悲剧性格加上他的求治甚急，励精图治只会加快王朝的灭亡，崇祯是他的祖父万历皇帝和哥哥熹宗的替罪羊。

在封建皇权体制下，如果一个君主本身性格有着各种致命的弱点，那么他越是去励精图治，妄图去做一个圣君，后果反而会越严重。一个不理朝政的昏君大不了耗点民脂民膏，而努力想要有所作为的庸君，虽然不近女色，事事节俭，但他带来的也许是亡国之痛。

是多疑让崇祯皇帝走向灭亡的吗

崇祯皇帝，幼年被封为信王。明熹宗皇帝没有子嗣，驾崩之后按照古代兄终弟及的说法，信王坐上了本不属于自己的皇帝宝座。皇帝的位子本来是人人向往的，但此时的大明江山已是千疮百孔，病入膏肓，即便是明君能臣在世亦难扭转其颓势。何况朱由检自幼生长在深宫，既不了解官场里的钩心斗角、派系之争，更不了解战场上的排兵布阵，杀伐攻略。毫无经验的朱由检，硬是凭着自己中兴的决心，将大明江山延续了17年之久，也算是一个不小的奇迹了。

历史上对崇祯皇帝的评价褒贬不一，现简单记录其生平事迹。明熹宗驾崩之际，正是客魏集团活动最猖獗的时期，客氏、魏忠贤互为表里，祸乱后宫，把持朝政，不仅害死了熹宗皇帝，也将大明王朝推向了毁灭的深渊。

信王朱由检自然对此了然于心，因此，在宣布信王即位之后，朱由检由信王府搬入大内，竟不敢食用为他准备的膳食，硬是凭借自己从家里偷偷带来的干粮度过了最危险的几天，宫中的险恶可见一斑。

崇祯皇帝即位之初，虽然深恶魏忠贤的专权，但是毕竟自己羽翼未丰，不敢轻举妄动，于是韬光隐晦，等待时机。正值巅峰的魏忠贤并没有把这个孩子放在眼里，认为不过是和他哥哥熹宗一样的年轻后生，不会有多大的作为，于是更加猖獗，甚至要求各地为他建立生祠，种种恶行已经昭然于世。

朝内朝外怨声载道，崇祯皇帝抓准时机，先以迅雷之势除掉了魏忠贤倚为左右手的崔呈秀，然后对魏忠贤的爪牙痛下杀手，使魏忠贤处于孤立无援的境地，然后一纸诏书，贬魏忠贤凤阳守陵，魏忠贤自知罪恶深重，在途中上吊自尽了。崇祯皇帝谈笑间铲除了魏忠贤集团，曾一度使大明江山的中兴成为了可能，但随后的一系列错误使得他最终没有实现中兴的梦想。

当时明朝最大的敌人是东北的后金，此时努尔哈赤已经去世，皇太极即位。双方多次战争的结果多是以明军的溃败告终，偌大的一个朝堂上竟找不出一个能抵御后金的元帅。崇祯皇帝对此当然不甘心，于是他想到了袁崇焕，这个被百姓称为"袁长城"的人物。他曾经在宁远城用大炮打伤努尔哈赤。由于阉党的迫害，他被迫离职，这次被崇祯皇帝重新起用，自然踌躇满志，希望通过自己的努力，恢复大明江山。一经上任，他就把东北的防务布置的井井有条，使后金不敢窥盱宁锦一线。

但袁崇焕的敌人毕竟是蒸蒸日上的后金政权，是多谋善断的皇太极，更要命的是，袁崇换的主子是心急、多疑的崇祯皇帝，这就决定了袁崇焕不可能有充分的时间去施展他的抱负，最终皇太极只用一个小小的反间计，就毫不费力地除掉了他。

皇太极绕过山海关，从京畿的北面越过长城，威胁北京。袁崇焕立即率部回京勤王，正当袁崇焕部开到北京城下的时候，清军却突然出现，

给崇祯造成了假像，认为是袁崇焕部引清军来攻城的。

城上的守军坚决不准城外的部队进城，而千里奔袭而来的袁军此刻已是筋疲力尽，既不能进城休整，又要面对强大的八旗军队，但袁军最终还是成功地打退了清军的进攻。是夜，皇太极派手下心腹将领在明军俘虏面前大肆宣扬如何与袁崇焕约定献城投降，然后故意放俘虏逃跑。

俘虏哪知这是反间计，回城后便一五一十地告知了崇祯皇帝。本就多疑的崇祯将几件事联系到一起，便认定袁崇焕必是汉奸无疑，于是将袁崇焕诳进城内后，就直接将他打入了大牢，并于数月后凌迟处死。从此，明朝失去了唯一的东北屏障，八旗军队得以驰骋东北大地如入无人之境。

明朝末年，出现了三个政权并举的局面：第一个，北京以崇祯帝为首的明政权；第二个，沈阳以皇太极为首的清政权（天聪十年，皇太极改国号为清，改元崇德）；第三个，西北以李自成为首的大顺政权。

说到李自成，农民军起家，本在舅父老闯王高迎祥手下为将，舅父被俘就义之后，被公推为新闯王。明朝对农民军战绩要远远好于对清军的战绩，明军的将帅如洪成畴、陈奇瑜、孙传庭、卢象升、熊文灿都有过对农民军的辉煌胜利。

陈奇瑜曾将农民军逼入车厢峡，险些让李自成、张献忠困死其中；孙传庭潼关大败农民军，并活捉了老闯王高迎祥；熊文灿追得农民军走投无路，纷纷投降，张献忠、罗汝才（曹操）亦在其中；卢象升滁州大捷，农民军尸横遍野。更有大将左良玉、贺人龙、曹文诏、曹变蛟、高杰冲锋左右，本来扑灭农民军的星星之火不是没有可能，但就是崇祯皇帝的性

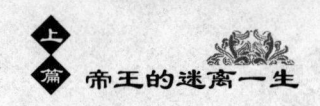

急,在关键时刻帮助了农民军,明军将帅稍有败绩,非死即贬,明朝的栋梁之才损失殆尽,陈奇瑜被贬,熊文灿被斩,孙传庭入狱,一个个将星的陨落,注定了明朝的灭亡。

李自成曾经被熊文灿追得无处藏身,被迫躲进了商洛山中,但当李自成再一次从山中走出来的时候,熊文灿已经成了冤死之鬼,李自成再次组建了自己的军队,吸收了李岩、宋献策、牛金星等知识分子,洗去了农民军固有的匪气,以天将降大任于斯的气势,目标直指紫禁城中的蹯龙宝座。

他占洛阳,斩福王,破襄阳,取武昌,一路奏凯,并在西安正式称帝,国号大顺。称帝之后,李自成一路东进,仅在宁武受到沉重打击,其他重镇如宣大等均传檄而定。终于在崇祯十七年,焚烧了昌平明十二皇陵后,包围了北京城。

崇祯皇帝即位之初虽然曾经一手铲除了魏忠贤集团,但他对朝中大臣的不信任,还是导致他走向了亲信宦官的毁灭之路,明朝万余人的庞大的阉人队伍并没有给崇祯带来任何好运,而是慢慢地消磨着明王朝这个巨人的精血。直到最后一刻,也是把守各城门太监的临阵叛变,彻底断送了大明王朝的江山。

农民军攻入京城之后,崇祯皇帝将皇子托付给了外戚周奎、田弘遇,下令周皇后(崇祯皇帝正宫皇后)、张太后(熹宗皇帝皇后,崇祯的皇嫂)自尽,并亲手砍死了袁贵妃,砍伤了自己的女儿。然后匆匆逃到景山,在寿皇庭东侧的一棵歪脖树上自尽身亡,在对面陪伴他上吊的还有他的贴身太监王承恩。

崇祯皇帝不是一个荒淫的皇帝,也不懒惰,他中兴明朝的迫切心情,每一个读过他事迹的人都能够清楚地感觉到。但历史总是喜欢跟人开玩笑，他的祖父、哥哥，虽然荒唐，却平安地度过了一生，最终祖辈造的苦果，要由后辈人去品尝。面对着这样一个烂摊子，我们又能要求年轻的崇祯皇帝什么呢？

下篇

臣民的多难风波

明朝的大臣和宦官是整个国家的中流砥柱,他们的一言一行都影响着人民的生活。帝王和臣子的斗智斗勇,有多少人又因此而被屈含冤,在这背后藏了太多的阴谋,真相隐藏在重重迷雾之中。

同室操戈：战争背后的阴谋

明朝的建立改善了汉人的地位，使得占人口大多数的汉族人摆脱了低等贱民的地位，为中国的进一步发展创造了有利条件。然而，在明朝的政治生活中同室操戈频频出现，权臣们相互争斗，留下无尽的仇恨，也给后人留下了不少谜团。

徐达是病死还是被毒死的

根据《明史》记载，徐达的确死于背疽，但并无朱元璋派人赐食一说。明朝中叶有一本专讲明初故事的野史笔记《翦胜野闻》有背疽赐食记载，但并没有说是什么食物，而且《四库总目提要》评论《翦胜野闻》"书中所记，亦往往不经"，并不可靠。清赵翼《廿二史札记》转述了这个故事时才说是"赐以蒸鹅，疽最忌鹅"，虽然赵翼本人认为这是"传闻无稽之谈",但"徐达吃蒸鹅而死"却从此成了一个表现朱元璋阴险毒辣的民间传说广为流传。

这个传说虽然流传极广,但是极不可信,不仅因为史无明文,而且不合常理。朱元璋想杀徐达的话,找个借口公开定罪抄斩或者在一般食物或药中下毒悄悄杀之皆可,没有必要羞羞答答又欲盖弥彰。

"疽最忌鹅"的说法并没有任何科学依据。所谓背疽,根据现代医学的解释是背部发生了大面积急性化脓性感染,是因为金黄色葡萄球菌侵入多个相邻的毛囊及其所属皮脂腺或汗腺而导致的。鹅肉的主要成分是蛋白质和脂肪,并不含有能导致病情恶化的毒素,反而能增强患者的营养,因此并不需要"忌口"。

而在古代,背疽是一种可怕的"恶疾",得了往往会危及生命。死于背疽的历史名人史不绝书,除了徐达,还有秦末的范增、三国的刘表和曹休、唐朝的孟浩然、后唐的李克用、南宋的宗泽、明朝的杨一清、清朝的杨光先等等。甚至发背疽而亡竟然成了赌咒发誓用语,在《说岳全传》里秦桧便向兀术发誓"不把宋朝天下送与狼主,后患背疽而死"。

也因为是绝症,所以号称能治它的验方就特别地多。在宋代,流传的背疽验方就已多达百余个,但按当时出版的医书《集验背疽方》的说法,"然有验者极少"。即使是《集验背疽方》所收录的二十几个"验方",也并不是个个都有效。这些"验方"的用料和制作方法有的相当奇怪,例如有一个验方要用到"男子发一团如鸡子大",用现代人眼光看来真是无稽之谈。

由于"验方"其实不验,所以就需要用各式各样的禁忌为失败开脱。按《集验背疽方》的说法,背疽患者戒"作劳叫怒、嗜欲",而"饮食如干湿面、炙、腌藏、冷酒、生冷、滞腻、鱼、羊并不可食",食物"性热者发热,冷者损脾、肾,毒者发病,皆当戒之",几乎没有什么还能吃的了,可不仅仅是蒸鹅肉。更有甚者,病房绝对不能让有狐臭的人、孕妇和经期妇女进入,和药的时候也不能让这些人撞见,而且还不能让鸡、狗、猫见到。有这么多涉及方方面面的禁忌,"验方"不"验"也就有话可说了。治好了算它灵验,治不好了就可以怪到犯了什么禁忌了,而不是它不灵。

这一传说的根本原因还是明朝开国之君朱元璋滥杀功臣。

在今天已很少有人相信和药不能让鸡、狗、猫见到这样的鬼话了,但是还有很多人相信、讲究"忌口",对徐达吃蒸鹅而死之说津津乐道,而不考虑这一说法有没有科学依据。

即便有一天,有确凿的证据证明徐达的确吃过朱元璋赐予的蒸鹅,然后死了,这就能证明吃鹅肉会像中医说的那样"动风发疮"吗?不能。可能是蒸鹅里被加了毒药,也可能是徐达本来就病得快死了,跟死前吃没吃蒸鹅无关,也可能是徐达由于迷信"疽最忌鹅",因此受到了心理暗示,加重了病情而死;还有可能他是吃了当时用以治背疽但是有毒的药物死的……从一个相关的个案证明不了因果关系。但是有时我们容易把前后发生的两件事当成存在因果关系联系起来,对"忌口"是如此,对"验方"也是如此——碰巧用了某个"验方"病好了,就相信是该"验方"有神效,分不清相关性和因果性,不做严密设计的临床试验进行对照、统计,验方的效力很难有说服力。

抛开医学知识不谈,有明史专家告诉笔者,根据史料文献,"朱元璋送蒸鹅"的传说也根本站不住脚。

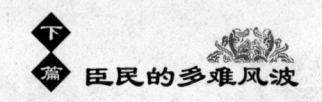

南京明史学者马渭源先生指出，修撰于明朝的《明实录》里根本没有"朱元璋送蒸鹅毒死徐达"的记录。《明史》倒是记载了徐达死于背疽，但也没有提及"朱元璋赐蒸鹅"一事。《明史》为清代人编纂，明、清本为对立的政权，编纂《明史》的张廷玉等清代人根本没必要为朱元璋隐晦"送蒸鹅"一事（如果确有该事的话）。

根据《明史》记载，洪武十七年，月亮侵犯"上将星座"，朱元璋心中十分不安，预感到自己的爱将即将有难。与此同时，徐达真的在北平后背上长了疽，朱元璋就派徐达的大儿子徐辉前去慰问。第二年二月，徐达病情加重，不幸逝世，终年五十四岁。朱元璋非常伤心，为此停止上朝一日，并且在参加葬礼时悲痛欲绝。

马渭源说，徐达死后得到的荣誉，远超其他任何明朝开国功臣——他被追封为中山王，赐葬"钟山之阴"，陪伴孝陵。徐达墓神道碑的碑文由朱元璋亲自撰写，他的子孙三代"皆封王爵"，世袭罔替。

"这种待遇在有明一代也是绝无仅有的，而徐达还是和朱元璋出生入死的老弟兄，私交极好。徐达为人谨慎低调，谦卑沉稳，从出生入死的这一层感情上来说，朱元璋也不应该害他！"马渭源说。

"考究'朱元璋送蒸鹅'传说的出处，也可以看出这个说法的荒诞不经！"马渭源说，"送蒸鹅"传说最早的影子，出现在明代中叶一本专讲明初掌故的野史笔记《翦胜野闻》中，而清代《四库总目提要》说，《翦胜野闻》一书一点都不可信，"书中所纪，亦往往不经"。

吴晗所著的《朱元璋传》倒是采用了这个说法，遗憾的是，这位著名的明史学者并没有点出这个传说的可靠史料来源。

可是"为什么人们坚信朱元璋会送蒸鹅毒死徐达呢？"马渭源说，很

有可能是因为徐达死的时候，与朱元璋大肆诛杀功臣时期重合，胡惟庸案发生在洪武十三年，即1380年，当时徐达还在世，而徐达死后的洪武二十六年，朱元璋又通过"蓝玉案"杀掉了大批开国元勋，"徐达死在这两个案子之间，因此被后世文人想当然地认为，他是被朱元璋有意毒死的！"

毛文龙被杀之谜

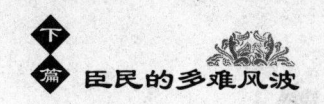

崇祯二年（1629年），袁崇焕在给明思宗的《蓟辽督师袁崇焕题本》奏疏中，称自己"战惧惶悚之至"，表示要"席藁待罪"。而崇祯帝看完奏疏后，"意殊骇"。为什么统领辽东大军的袁督师如此惶恐，崇祯皇帝又如此震惊呢？原来，在奏疏中，袁崇焕向思宗报告了他刚做的一件大事——诛杀了东江总兵毛文龙！毛文龙是怎样一个人？袁崇焕为什么要杀他呢？

毛文龙是浙江杭州人，天启元年（1621年）在辽东巡抚王化贞手下任游击，后金攻陷辽阳后，他占据鸭绿江边的镇江堡，升任副总兵，后率部驻守皮岛。皮岛又称东江，位于辽东、朝鲜、山东登莱二州之间，对牵制后金军队的进攻有重要作用，属于战略要地，因此明朝在皮岛设东江镇，任命毛文龙为东江总兵。天启三年（1623年），毛文龙率部攻占辽东要地金州，天启皇帝闻讯大喜，在谕旨中对毛文龙大加赞扬，又晋升毛文龙任左都督，挂将军印，赐尚方宝剑。由于东江镇对后金腹地威胁极大，后金视毛文龙为眼中钉，曾几次兴兵讨伐东江，却都无功而返。

天启六年（1626年），努尔哈赤率十几万大军进攻孤城宁远，却在袁崇焕率领的数千守军面前久攻不下，气急败坏的努尔哈赤亲临前线督战，结果被红衣大炮击伤，一命呜呼。第二年，皇太极又在宁远、锦州城下损兵折将，连夜溃逃。这两大赫赫战功，使袁崇焕威震辽东。崇祯元年（1628年），袁崇焕被一心想求中兴之治、恢复辽东的崇祯皇帝提升为兵部尚书兼都察院右都御史、督师蓟辽兼登莱天津军务，独揽辽东军事大权。面对皇帝的知遇之恩，袁崇焕感激之余，喊出了"五年复辽"的豪言壮语。然而，袁崇焕"五年复辽"大计的第一步竟然是诛杀大将毛文龙。后金想做而做不到的事，袁崇焕却帮他们做到了。崇祯皇帝没等到袁崇焕恢复辽东的喜讯，却收到袁崇焕给他送来的一份震惊。我们不禁要问，袁崇焕为什么要杀毛文龙呢？毛文龙到底该不该杀呢？

有学者认为，"袁崇焕斩所当斩，毛文龙死且有余辜"。理由就是毛文龙死后不久，他的部将纷纷叛变。在清初四大降王中，除平西王吴三桂外，定南王孔有德、靖南王耿仲明、平南王尚可喜都是毛文龙的旧部！在这些学者看来，这些人的降清与袁崇焕诛杀毛文龙并没有因果关系，梁启超先生在《袁崇焕传》中甚至称毛文龙不死，也许会成为最大的降王，支持袁崇焕诛杀毛文龙之情跃然纸上。在这些人看来，既然袁崇焕是大忠臣，被他诛杀的人自然是罪该万死了。

毛文龙该杀吗？并不是所有人都这样认为。从崇祯帝"意殊骇"的反应看，他完全没想到袁崇焕竟会杀毛文龙，认为袁崇焕的做法不妥。毛文龙已经死了，崇祯还要靠袁崇焕收复辽东，为了安抚袁崇焕，皇帝不仅没有降罪，反而下旨公开表态支持袁崇焕，还下诏公布毛文龙的罪名。但当时也有人为毛文龙被杀喊冤，有人在四十回小说《辽海丹忠录》中，大讲毛文龙的功绩，《明季北略》甚至把袁崇焕以十二条罪状诛杀

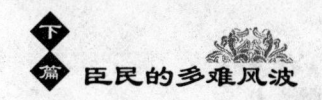

毛文龙与秦桧以十二道金牌害死岳飞相提并论。

我们来看一下袁崇焕宣布的毛文龙十二条当斩之罪：一、九年以来兵马钱粮不受经略巡抚管核；二、全无战功，却报首功；三、刚愎撒泼，无人臣礼；四、侵盗边海钱粮；五、自开马市，私通外夷；六、亵朝廷名器，树自己爪牙；七、劫赃无算，躬为盗贼；八、好色诲淫；九、拘锢难民，草菅民命；十、交结近侍；十一、掩败为功；十二、开镇八年，不能复辽东寸土。

平心而论，即便袁崇祯所说的都是事实，十二条中大多都是明军中的常见现象，罪不至死，而且，有些罪状也比较牵强的。比如说粮饷问题，朝中大臣早就有人指责毛文龙靡费军饷，还曾打算派户部官员前往皮岛核查兵员，想裁减毛文龙的军饷。然而崇祯皇帝并没有同意户部的做法，在给毛文龙奏疏的批复中，崇祯皇帝承认毛文龙的军队孤悬海外有自己的特殊性，只要奋勇报国，军饷可以比其他部队稍许宽松些。冒领军饷的情况在明军中普遍存在，加上皇帝已经如此表态，袁崇焕再把军饷问题作为毛文龙的罪状实在难以服众。如果这也算当斩之罪，明军大概剩不了几个将领了。

还有说毛文龙虚报首功，实则全无战功的说法，多少也显得有失公允。毛文龙能够官至总兵，靠的正是战功，单说他将皮岛建成军事重镇，已经可说是个大功劳了。事实上，在袁崇焕取得宁远大捷之前，毛文龙是明军中唯一能与后金相抗衡的将领。工科给事中杨所修就曾指出：东方自逆奴狂逞以来，惟一毛文龙孤撑海上，日从奴酋肘腋间撩动而牵制之；奴未出老巢则不时攻掠，以阻其来；奴离窥关则乘机捣袭，以断其后。董其昌更是在奏疏中声称：如得两个毛文龙，则努尔哈赤可擒，辽

东可复。从这些话中可看出毛文龙在当时抵抗后金战争中的重要地位。

至于说毛文龙开镇八年,不能复辽东寸土,则显得有些吹毛求疵。东江镇的意义在于牵制后金,使其不能全力南下。正如兵部的奏章中说:毛文龙灭奴不足,牵奴则有余。而在牵制后金这一点上,毛文龙无疑做得相当不错,天启皇帝曾多次在谕旨中称赞他:多方牵制,使奴狼狈而不敢两面顾。要求毛文龙以一镇兵力与后金全面对抗,袁崇焕也难以做到吧?在辽东战场丧师失地的情况下,毛文龙至少还坚守住了自己的防区,如果这也要杀,那些打了败仗的将领是不是要全部杀头呢?

还有就是说毛文龙结交近侍,这倒是实情,这个近侍指的就是众所周知的魏忠贤。天启年间,全国的文武官员给魏忠贤送过礼的人多如牛毛,别说为魏忠贤立塑像了,当年全国各地为魏忠贤建的生祠又何止千百。毛文龙曾给魏忠贤送礼,还在皮岛上建魏忠贤生祠,也是随大流之举。与东林党关系密切、自己还曾遭魏忠贤陷害的袁崇焕把这个拿出来当成诛杀毛文龙的理由,多少有些党派相争的意味,夹杂了个人感情。

再退一步讲,就算毛文龙有死罪,完全可以将毛文龙逮捕后送交京城,由崇祯皇帝决定如何发落。毕竟毛文龙是一镇总兵,而且还有先帝所赐的尚方宝剑,袁崇焕擅杀大将,多少显得有些莽撞,也难怪崇祯皇帝会感到"意殊骇"。

那么,袁崇焕为什么会诛杀毛文龙呢?

有人认为,袁崇焕杀毛文龙只是一个偶发事件。袁崇焕登岛的目的是想劝说毛文龙听从节制或者交出兵权,只是在毛文龙拒绝合作后才决定临阵诛杀毛文龙。其根据是,袁崇焕上岛后并没有马上诛杀毛文龙,而是与毛文龙连续三天举行密谈,由于毛文龙并不听命,无奈之下才决定诛杀他。

也有学者指出，袁崇焕杀毛文龙其实早就有预谋，登岛的真正目的就是以商量东西夹击的军事计划为名，寻机诛杀毛文龙。史料记载，袁崇焕在离京之前与内阁大学士钱龙锡谈及平辽事宜时，就表示平定辽东"先从东江做起"，而所谓的"从东江做起"，其实就是要诛杀毛文龙，这一点，在袁崇焕事后给崇祯皇帝的奏疏中有明确的表述："自去年（崇祯元年）十二月，臣安排已定，（毛）文龙有死无生矣。"其欲杀毛文龙的态度表露无遗。这个策略让人感到奇怪，平定辽东的首要任务，竟然不是打击后金，收复失地，而是要对付平辽战场上的另一位重要将领。根据该策略，袁崇焕上任伊始就下令海禁，切断了东江镇海上贸易的命脉，毛文龙在给崇祯皇帝的奏疏中，把袁崇焕的这一做法称为是"拦喉切我一刀"。毛文龙已经意识到袁崇焕将要对自己下手，在奏疏中感叹道：诸臣独计除臣，不计除奴，将江山而快私忿，操戈矛于同室。对袁崇焕已生杀毛之心还蒙在鼓里的崇祯皇帝想到答应过袁崇焕为实现五年复辽大计可以便宜从事，自己不便出面干涉，只得好言安慰毛文龙：军中一切事宜，当从长商榷。可事实上，毛文龙已经没有机会从长商榷了。时隔不久，袁崇焕就已经完成了他五年复辽大计中的第一个计划——诛杀毛文龙，这也是袁崇焕五年复辽大计中唯一真正实现了的计划。

实际上，袁崇焕喊出"五年复辽"的口号时并没有完整的计划。史载崇祯元年（1628年）七月十四日，崇祯皇帝召见袁崇焕等人举行御前会议，讨论辽东局势，意气风发的袁崇焕提出："倘皇上能给臣便宜行事，五年而辽东外患可平，全辽可复。"在会议休息时，兵科给事中许誉

卿向袁崇焕讨教"五年复辽"的方略，听到的却是"聊慰上意"四字。一个根本没有经过周密规划的目标，实现的可能性会有多少呢？后来有学者根据当时辽东的形势和力量对比分析，得出结论：袁崇焕"五年复辽"的豪言壮语，如同梦呓！

无论"五年复辽"是否梦呓，崇祯皇帝却信以为真，袁崇焕最终也没有完成这个宏伟的计划。有学者指出，袁崇焕诛杀毛文龙的真实目的，在于整饬军纪，树立督师权威。当时，辽东各处军事要地都曾发生兵变，如不整饬军纪，根本不能打仗，更不用说五年复辽。而毛文龙长年孤军海外，不服节制由来已久，加上毛文龙在辽东各军中地位颇高，因此诛杀毛文龙将能起到杀一儆百、威慑众将的目的，对整饬军纪、树立督师权威无疑是有利的。无论袁崇焕当初是怎么想的，但仅从军事上看，诛杀毛文龙是缺乏全局观，缺乏战略眼光的举措。毛文龙一死，明军在后金侧后方仅有的一支战略牵制力量也就不复存在了，辽东战争脆弱的均势就此被打破。没有了后顾之忧，后金终于可以放心南下了。几个月后，皇太极率10万后金军绕过袁崇焕重兵驻守的宁远、锦州诸城，第一次兵临北京城下，标志着袁崇焕的"五年复辽"方略走向了破灭。

东林党之谜

"风声、雨声、读书声，声声入耳；家事、国事、天下事，事事关心"，无锡东林书院的这副楹联传遍了大江南北，也是因为这副楹联，东林党的名声天下皆知。那么，作为中国历史上名声最大的士大夫政治集团，东林党到底是怎样的一个团体呢？

万历二十二年，吏部文选司郎中顾宪成被革职还乡后，在常州知府欧阳东风、无锡知县林宰等人的资助下，修复宋代杨时讲学的东林书院。在书院中讲学的有高攀龙、钱一本、薛敷教、史孟麟、于孔兼及其弟允成等人。"讲习之余，往往讽议朝政，裁量人物"，其言论被称为清议。这些言论又与朝堂上的清议派遥相呼应。这种政治性讲学活动，形成了广泛的社会影响，形成了以东林书院为中心的东林党人，包括"三吴士绅"、在朝在野的各种政治代表人物、东南地区城市势力、某些地方实力派。

万历统治后期，宦官擅权，倒行逆施，政治日益腐化，社会矛盾激化。为解决这些矛盾，东林党人提出反对矿监税使掠夺、减轻赋役负担、发展东南地区经济、开放言路、实行改良等建议。这些针砭时政的意见，得到当时平民及普通士大夫阶层的广泛支持，同时也遭到宦官及各种依

附势力的激烈反对。

到了天启年间，宦官魏忠贤专政，这个明朝势力最大的阉党集团，对东林党人进行了血腥镇压。天启四年，东林党人杨涟因劾魏忠贤二十四大罪被捕，与左光斗、黄尊素、周顺昌等人同被杀害。魏忠贤指使手下编纂《三朝要典》，以红丸、梃击、移宫三案为由，毁东林书院，打击东林党。先后被迫害致死的东林著名人士有魏大中、顾大章、高攀龙、周起元、缪昌期等。魏忠贤党羽还做出来《东林点将录》，以《水浒》一百零八将命名著名的东林党人，企图将其一网打尽。崇祯皇帝即位后，魏忠贤自缢死，次年毁《三朝要典》，对东林党人的迫害才告停止，但东林与阉党的斗争，一直延续到南明时期。

历来人们都很赞赏东林党人的节气，认为他们延续了自东汉以来中国士大夫的传统风范，不畏强暴，仗义执言，鞠躬尽瘁，为明王朝的苟延残喘做出了巨大的贡献。他们一方面代表中小地主阶级的利益反对大肆兼并土地，另一方面，他们又坚决支持新兴市民阶层，反对矿监税使，在一定程度上反映了新兴市民阶层的要求。东林党人在同阉党进行斗争时表现出来的视死如归的浩然正气，为明王朝的历史增添了许多亮色。

不过东林党精神固然可嘉，但实际行动的能力看起来却是软弱无能的，这直接导致了他们的灭顶之灾。比如在天启年间，原为在野清流的东林党变为主持朝政的主要力量，首辅刘一景、叶向高，吏部尚书赵南星，礼部尚书孙慎行，兵部尚书熊廷弼等，都是东林党人或是东林党的支持者。可以说，当时东林党掌握了明王朝的军事、政治、文化、监察和人事大权。《明史》记述当时的情况说"东林势盛，众正盈朝"，可谓盛极一时。按理说，这应该是他们治国理政的良机，然而由于举措失当，

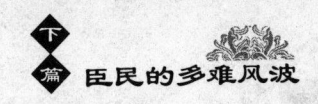

他们的优势很快丧失，四年之内被魏忠贤赶尽杀绝。

这是为什么呢？一个最主要的原因就是因为其党见太深。谢国桢先生在其名著《明清之际党社运动考》一书中便认为："我们最可惜的是东林的壁垒森严，党见太深，凡是不合东林之旨的人，都斥为异党。"东林人掌权后一方面忙于起用大批在前朝失势的党人，另一方面又大肆地排斥异己，打击宿敌齐、楚、浙、宣、昆党，凡是不合口味的都视为异类，加以排斥。即使在他们内部，也是以乡里为界，相互间争执不休，在这种情况下即使有人想有所作为也很难成功。

另外还有人认为，东林党固然在政治上有所成就，但在经济问题上却无能之极。与之相反的观点则认为东林党也十分重视社会经济发展，关心国计民生，比较有代表性的就是他们试图发展北方经济，改善南北经济发展不平衡的状态。东林党当政时推进了京东的水利建设，东林名臣左光斗甚至曾经上疏要求建设水利设施，并且提出了一个发展北方经济的完整而周密的计划。

还有一种观点则认为，东林党人只能算是封建皇权的卫道士，只是虔诚的维护儒家主张的封建伦理纲常，只懂得愚忠的他们虽然视死如归，但本质上提现了他们对皇权的绝对效忠，他们只能够成为封建王朝的殉葬品，而不能从更高的社会发展的层次提出新的解决方案。当然，我们对于历史人物不能苛求，也应该看到他们积极的一面。

况且，东林党究竟能不能称之为"党"也有待商榷。因为在天启年间，魏忠贤的亲信编造所谓《东林党人榜》与《东林点将录》，用具体名单的形式把所谓"东林党"实体化、组织化，作为打击异己势力的一个借口，而后世学者不加考辨地接受了这样一个名称，流传至今。事实上

顾宪成、高攀龙等人创办东林书院时早已经被革职下野，东林书院主要以讲学为己任，与朝中党争并没有多少联系，而所谓"讲习之余，往往讽议朝政，裁量人物"也没有确凿的历史证据，因此，作为一个政治团体的东林党是不存在的。

围绕着东林党的争议可能会一直存在下去，但是他们身上所体现出来的中国古代"士"的那种铮铮傲骨却具有永恒的魅力。

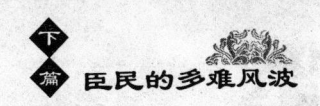

权相奸臣严嵩功过之谜

《明史》将严嵩列于《奸臣传》,在民间普通人印象中,严嵩也是一个典型的白脸奸臣,为后世文人所不齿。在严嵩当政期间,其贪污受贿史所罕见,当时明王朝内忧外患,国势日下下,他负有不可推卸的责任。不过也有人认为,严嵩最多只能称为权臣,明朝的败落是当时诸多复杂因素共同作用的结果,那事实到底是怎样的呢?

严嵩(1480—1566),江西分宜人,字惟中,号介溪,嘉靖时期专擅朝政达二十余年,是中国历史上大奸臣的代表人物之一。嘉靖帝信奉道教,只知炼丹而荒于政事。严嵩因为善于写应制青词,颇受宠信,因此当上了内阁首辅。他在位期间,卖官鬻爵,弄权枉法,网罗党羽,贿赂公行,朝中大臣大都投靠到了他的门下。当时,鞑靼俺答汗屡次南侵,北方军情非常紧急,可严嵩却坐视不问,导致鞑靼坐大。甚至在嘉靖二十九年(1550年)俺答汗率军直驱到了北京城下,可是严嵩党羽大将军仇鸾却不敢出战,严嵩谎称鞑靼"掠饱则自去"。

直到嘉靖末年,御史邹应龙、林润抓住机会相继弹劾其子严世蕃,结果严世蕃被杀,严嵩也遭到革职,从此失势。1566年,87岁的严嵩在世人的唾骂中悄然离开人世。

作为一个大贪官，严嵩贪污甚巨。根据当时朝廷的查抄统计，发现严嵩家有黄金30万两、白银二百万两、良田美宅数十所！这大概是他被后人所唾骂的重要原因。

不过，严嵩也不是一开始就一无是处。事实上，在他任职的前期，还是做过一些有益的事情的。嘉靖初年，他出任国子监祭酒一职，在任期间便曾经提出过不少很好的意见，其中包括增加国子监诸生的生活补贴，建议停止捐银买卖监生头衔等。后来在充任经筵讲官期间，他也能以儒家的观点来劝导嘉靖皇帝。

对于严嵩专权的说法，也有争议。事实上，自从朱元璋于明朝初年废除宰相职位以后，明朝的内阁首辅权力并不大。根据《明史·严嵩传》的记载，严嵩任首辅后，"帝虽甚亲礼嵩，亦不尽信其言，间一取独断，或故示异同，欲以杀其势。"这说明当时的嘉靖皇帝虽居大内，大权却并未旁落。王世贞《嘉靖以来内阁首辅传》也说："（嘉靖帝）晚年虽不御殿，而批决顾问，日无停晷；故虽深居渊默，而张弛操纵，威柄不移。"有一次严嵩的亲家都察院左都御史欧阳必进想做吏部尚书，虽然经过严嵩哀求再三，但嘉靖帝也仅让欧阳做了半年的吏部尚书便将他罢职了。严嵩即使想安排一下儿女亲家都不容易，更不用说可以把持朝政、结党营私了。

另外，由于当时的嘉靖皇帝崇奉道教，因此力赞玄修、进献青词几乎是担任阁臣的必要条件，所以"谀""媚"是这个时期阁臣们的共性，严嵩并不见得比别的阁臣更谀更媚，相反，他有时还能够坚持自己的意见。比如，有一次嘉靖帝居住的西苑永寿宫发生火灾，嘉靖帝打算重修宫殿。严嵩考虑嘉靖帝久不上朝，营建又要花费巨额资财，所以不同意

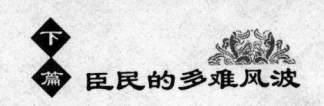

重修宫殿，而另一位阁臣徐阶却竭力主张重建。在这件事上，当时很多人都赞成严嵩的意见。《明史纪事本末·严嵩用事》在分析嘉靖帝宠信严嵩的原因时说："况嵩又真能事帝者；帝以刚，嵩以柔；帝以骄，嵩以谨；帝以英察，嵩以朴诚；帝以独断，嵩以孤立……猜忌之主，喜用柔媚之臣。"可见，因为严嵩能真诚事主，并无二心，才能够赢得皇帝的信任。

在严嵩的家乡，不论是知识分子还是普通农民，人们一直认为对严嵩至多只能称为"权相"，而基本上不说是"奸臣"。他的"过错"主要是因为他的儿子严世蕃得罪了他人，才招致祸端。另外，据说严嵩本人在日常生活中不但不奢侈腐化，还非常"俭朴"哩。家乡人看来，他还好做善事，从嘉靖二十三年到三十五年的十多年时间内，他先后在宜春、分宜两县花三四万两银子捐钱修建了四座石拱桥，此外还曾经出资修葺了分宜县学等。

严嵩的文学才能是人所公认的，据说他幼时十分聪慧，从小就文辞出众，八岁时书史成诵，出句成章。根据《严氏族谱》的记载，严嵩读私塾时，经常和他的老师及叔父对联语，其中有"手抱屋柱团团转，脚踏云梯步步高""七岁儿童未老先称阁老，三旬叔父无才却作秀才"，等等，由于出语非凡，被人称为神童，所以他在24岁的时候就考取了进士。很多人站在比较客观的立场上指出，对于严嵩不能因人而废文。明朝古文运动领袖李梦阳便评论他的诗词"达达者其词，和淡者其词"，称他为"淡石潭翁"。他的《钤山堂集》存目于清代纪晓岚主编的《四库全书》之中，《四库全书总目提要》评价《钤山堂集》时，认为"孔雀虽然毒，不能掩文章"。明朝文豪王世贞生父被严嵩所害，可以说与他有不

共戴天之仇,但也本着"代不能废人,人不能废篇,篇不能废句"的精神,十分肯定严嵩的诗词。

作为明朝历史上一位重要的历史人物,严嵩的一生非常值得人们研究。他是一位权臣,但未必是奸臣,他的文学才能也很出众——历史人物总是存在不同的侧面,这也就是为什么我们至今仍然在严嵩的评价上存在争论的原因。

张居正身死受辱之谜

张居正当政期间，他的权力超出一般的内阁首辅，堪称有明一代权力最大的内阁首辅。张居正本人曾对人说："我非相，乃摄也。"所谓"摄"，就是摄政，是代皇帝执政。沈德符在《万历野获编》中也称，张居正"宫府一体，百辟从风，相权之重，本朝罕俪，部臣拱手受成，比于威君严父，又有加焉"。张居正号太岳，时人竟将太岳相公与大明天子并称，张居正的显贵可见一斑。然而，这位位显赫一时的超级首辅，却在死后差一点被"断棺戮尸"，为什么生前威风八面的张居正在死后会受到如此羞辱呢？

隆庆六年六月，明穆宗逝世，年仅10岁的朱翊钧即位，同时身为帝师的张居正也在皇太后的支持下成为了大明王朝的内阁首辅，从此，大明进入了为期十年的张居正时代。在这十年中，张居正雷厉风行地推行以富国强兵为目的的改革，一举扭转了多年以来财政连年亏空的窘境，万历初年是有明一代最为富庶的时期，同时他在军事上的改革也使原来"虏患日深，边事久废"的局面大为改观。《明神宗实录》在对张居正的评价中称："海内肃清，四夷善服，太仓粟可支数年，冏寺积金至四百余万。成君德，抑近幸，严考成，综名实，清邮传，

核地亩，洵经济之才也。"对张居正执政十年的成绩给予了充分的肯定，即便是对张居正怀有偏见的李贽也感叹张居正是"宰相之杰"。应该说，张居正是明朝最有建树的政治家。但吊诡的是，如此功勋卓著的他却在尸骨未寒之际成为朝野攻讦的对象，最后落得个抄家封门的下场，这是为什么呢？

一个重要的原因在于，张居正为人独断专行，树敌过多。《明神宗实录》在论及张居正不足时说："（张居正）偏衷多忌，小器易盈，钳制言官，倚信佞，方其怙宠夺情时，本根已断矣。"

诚然，张居正在实行改革时的确有些独断专行，按他自己的话来说，改革必须"谋在于众，而断在于独"。另一方面，他这种做法也有其不得已的苦衷。张居正执政之初当时官场中的上下级犹如婆媳，称婆婆终日在嘴上唠叨，而媳妇却总是充耳不闻，这样的结果是政局混乱，政令不行。为了改变这一局面，张居正力排众议实行了"考成法"，整顿吏治，对官员实行逐级考核，裁撤冗官，那些被整顿和打击的官员自然心怀不满。改革中推行的清丈田粮和一条鞭法，更使豪门巨室的利益受损，因此反对新政的声音一浪高过一浪、面对重重阻力，为了使新政得以实施，独断专行便成为张居正最常用的武器，而这也必然得罪了许多人。

万历五年，张居正的父亲张文明病逝。依照明代儒家伦理，官僚丁忧必须辞官守制，一旦如此新政必然夭折。张居正不愿因为守制而使改革半途而废，便与司礼监掌印太监冯保联手设计，由万历皇帝下旨"夺情起复"，张居正以"在官守制"的形式继续执掌朝政大权。消息一出，大臣们纷纷指责张居正违背传统的儒家伦理纲常，不配继续身居高位。当时反对最激烈的是翰林院编修吴中行、翰林院检讨赵用

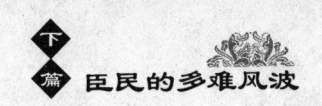

贤、刑部员外郎艾穆、刑部主事沈思孝。在皇帝、太后和宫内实权人物司礼监掌印太监冯保全力支持下，张居正票拟谕旨，对吴、赵、艾、沈四人施以廷杖，强行打压反对者。局部的胜利却遭来更多的非议，张居正也因此四面受敌。

张居正在世时，百官大多只能将不满埋在心底，表面上还要争相拍马献媚。万历十年（1582年）春，张居正病重，久治不愈，朝廷大臣上自六部尚书，下至冗散闲官，纷纷设斋醮祈祷，日夜奔走于佛事道场，把祈求张居正平安的表章供在神坛之上。然后再把这些表章装进红纸封套，罩上红色锦缎，恭恭敬敬地送至张府以表忠心。没几天，张居正去世后，弹劾的奏章代替了表忠心的表章，树敌太多的张居正终于遭受了致命的报复。

也有人认为，张居正身死受辱的真正原因是他威权镇主，祸萌骖乘。张居正四面树敌固然对他造成不利的影响，但万历皇帝对他威权镇主的报复，才是张居正悲剧结局的关键因素。

万历帝即位时年仅10岁，皇太后将小皇帝的教育全权交给了张居正。史载，身为帝师的张居正对万历帝的教育是十分严格的。有一次，万历帝在读《论语》时，误将"色勃如也"的"勃"字读成"背"音，张居正当场厉声纠正："当作勃字！"声如雷鸣，将小皇帝吓得惊惶失措，在场的官员也都大惊失色。就连皇太后在宫中对万历帝进行管教时，也常常说："使张先生闻，奈何！"因此，在万历帝幼小的心灵里，对张居正是畏惧大于敬重。然而，万历帝日渐由昔日无知的幼儿成长成为有自尊和权利欲的青年，他对张居正独揽大权开始心怀不满，然而，皇太后对张居正的全力支持却让他无可奈何，张居正"乞休"事件让万历帝

深深体会到了这种困境。

万历八年（1580年）三月，张居正感到"高位不可以久居，大权不可以久窃"，于是向神宗提出"乞休"的请求，毫无思想准备的万历帝第一反应便是下旨挽留。即位之初的数年，一切军国大政都是由张居正主持的，万历帝还真不知道一旦这位让自己敬畏的老师离开，情况会变成什么样子。他想起当年张居正回乡葬父时，自己面对军国大政手足无措，不得不一日之内连下三道诏书，催促张居正早日返京的事。然而，两天后张居正再次上疏，并提出一个折中方案：只是请假，并非辞职，国家如有大事，皇上一旦召唤，朝闻命而夕就道。此时朱翊钧已经年满18岁，按理说也到了亲政的年龄，他也想尝尝亲政的滋味，于是他便去请示皇太后，想不到皇太后竟然说："与张先生说，各项典礼虽是修举，内外一切政务，尔尚未能裁决，边事尤为紧要。张先生受先帝付托，岂忍言去！待辅尔到30岁，那时再做商量，先生今后再不必兴此念。"万历帝忽然发现，在皇太后眼中，18岁的自己竟然还是一个孩子，没有丝毫处理朝政的能力！这对一个自以为已经长大成人的18岁少年而言无疑是一个巨大的打击，而"辅尔到三十岁"更是让他难以看到自己亲政的希望。在这时，他心中原来对张居正的敬畏已经变成了怨恨，因为张居正已经成为他亲政的障碍。

万历十年（1582年）六月二十日，张居正病逝，享年58岁。终于亲操政柄的万历帝很快等到了弹劾张居正的奏疏。陕西御史杨四知上疏弹劾张居正十四大罪，尽管这份弹劾没有什么真凭实据，万历帝却借此发泄心中的怨恨，立即在奏疏上批示："居正朕虚心委任，宠待甚隆，不思尽忠报国，顾乃怙宠行私，殊负恩眷。念系皇考付托，待朕冲龄，

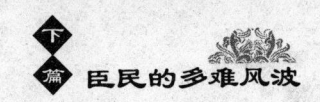

有十年辅佐之功，今已殁，姑贷不究，以全始终。"这个批示表面看起来还有些顾念旧情的意思，实则向天下传达了一个可以弹劾张居正的信息。果然，此后弹劾张居正的奏折接连不断，万历帝也顾不得什么"姑贷不究，以全始终"了，万历十一年（1583年）三月，万历帝下诏追夺张居正官秩，接着又下诏查抄张府，并亲笔写下"张居正诬蔑亲藩，侵占王坟府第，钳制言官，蔽塞朕聪……专权乱政，罔上负恩，谋国不忠，本当断棺戮尸，念效劳有年，姑免尽法追论。伊属张居易、张嗣修、张顺、张书都着永戍烟瘴地面，永远充军。你都察院还将居正罪状榜示各省直地方知道。"

张居正生前权倾天下，死后葬礼极备哀荣。然而，在他死后仅仅过了九个月，一切都变了，昔日显赫的江陵张府被查抄，原来的帝师还差一点被断棺戮尸。是张居正生前树敌太多，还是他威权镇主？自古权臣难有善终，斯人已逝，任后人评说罢了。

牛金星起义之谜

在明末农民起义军里，出现了许多谜一样的人物，牛金星便是其中之一。他是举人出身，可是他不去追逐功名利禄，反而加入到农民起义军的阵营。他为了什么要去参加农民起义？李自成起义失败后，牛金星又到哪里去了？他有没有降清呢？

牛金星，河南宝丰人，天启年间的举人。崇祯十四年（1641年）加入李自成农民军，因足智多谋而获取信任。十六年义军克襄阳时创官爵名号，任左辅。第二年，李自成在西安建立大顺政权，牛任天佑殿大学士。进京后，牛金星热衷研究登极礼仪，教习登极仪式，不断劝李自成即位。他身着蓝袍玉带，手摇写有"内阁"字样的洒金折扇，坐着八抬大轿，俨然一派太平宰相的风度。在李自成退出北京时，他又进谗言让李自成杀了能进谏忠言的制将军李岩。在众多历史记载中，对其评价都不高，认为他是一个藏头露尾的小人。

围绕着此人，至今还有一些未了的争议。首先，牛金星是何方人士？有两种不同的说法：一说他是河南卢氏县人，又说他是宝丰人。根据众多学者的实地考察结果，牛金星系宝丰人的可能性似乎更大一点。另外，此人是否是举人出身？史书也有着不同的记载，以至于有的辞书在描述

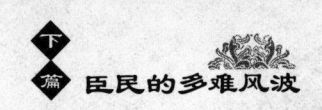

牛金星时，只能模棱两可地说：牛金星，河南卢氏人，贡生出身，一说举人出身。

无论是举人还是贡生，像他这样有着一定社会地位的地方绅士，为何会放弃安逸的生活，投奔李自成的农民起义军？后世至少有七种不同的说法。

第一种说法认为牛金星是个好酒使性之徒。在一次喝醉酒后，牛金星将其亲家、祥符县进士王士俊的"闺门之丑"给抖了出来，为了报复，后来王士俊趁着牛金星酗酒后打县吏一事，会同邑令编织罪名，最终使牛被革去功名，身陷囹圄，所以当他被李自成破城救出后，便投到农民军中。

第二种说法提到牛金星通晓"六壬"之术，善于卜占祸福。他因为得罪了邑令和巨绅，而被革去举人，投入狱中。在狱中，他遇到了后来李自成帐下大将刘宗敏，二人谈得非常投机。牛金星为其卜占祸福，出谋划策，最终使刘得以获释。刘宗敏获释后，对牛金星感恩戴德，并在李自成面前极力推荐牛金星，说其精通"阴阳避异风角之术"，李自成因而破城将其救出。

第三种说法提到，牛金星一向与当官的亲家王某关系不好，特别是牛金星的儿媳死后，他的亲家竟然勾通官府，使牛家父子二人陷入牢狱之灾。牛金星的好友代替牛金星入狱，而让牛金星去向"兰阳梁宦"求救。但牛金星求援未果，只好投奔了李自成的队伍。

第四种说法与上述几种不同，说牛金星与李自成帐下的名医尚䌹过从甚密，在尚䌹的引荐下，牛金星得以见到闯王。李自成为牛金星的雄辩口才所折服，这样牛金星便投靠到李自成的麾下。

第五种说法来自《明史·流贼传》中的记载，说牛金星因为考试作弊，被革去功名，于是投入农民起义军。

第六种说法称，牛金星的亲家确实姓王，但不是王士俊，而是同县大营人王之晋，牛金星的女儿是王之晋之媳。因为与亲家关系不好，遭到官府迫害，牛金星在走投无路的情况下投奔了李自成。而关于他与王之晋失和的原因又有两种说法，一说牛金星之女在王家受到虐待致死，牛金星亲自前往王家含殓，但误将亲家推倒并致伤，王之晋认为牛金星纯粹是恶意报复，于是便罗织其罪，下金星于狱，革去功名；另一说则指明二者反目是因"年饥，议市价不合起衅，遂相水火"。

第七种说法更加有戏剧性，说牛金星是经李岩的举荐才投奔了李自成。当初，牛和李二人在杞县时结交，后因牛金星有罪，被斥革功名，又被罚戍边，不得已前去投奔李岩。李岩向李自成推荐时，说他"有计略"。可是，从后来的情况来看，牛金星在农民起义军中，并没有体现出有"计略"的能力，只会阿谀奉承，贪图权位，嫉贤妒能，忘恩负义，是一个十足的卑鄙小人。他看到李岩在农民军中立下了很大的功劳，深得李自成的信任，被委以重任，于是便掉过头来陷害对他有举荐之恩的李岩，最后导致李岩被杀。

无论牛金星因何种原因参加了义军，李自成显然对他是十分看重的。大顺政权建立后，牛金星被任命为天佑殿大学士，其实就是丞相，帮助李自成建设政权，筹划进军北京。起义军进京后，牛金星身为丞相，忙着筹备登基大典，建政设官，迎来拜往，风光一时。然而，大顺元年，吴三桂与清军勾结入关，李自成在山海关阻击清军失利，四月三十日，起义军被迫撤出北京。在大顺政权分崩瓦解的过程中，很多文职官员纷纷降清或脱逃，牛金星也在大顺政权瓦解后，不知所终。

关于牛金星的结局，清朝的史籍多未记载。直到《清史稿》问世，人们才在《季开生传》中寻得他的踪迹，原来他投降清朝做了"贰臣"。《季开生传》中所附的给事中常若柱奏疏中有这样的文字："贼相牛金星，弑君残民，抗拒王师，力尽始降，宜婴显戮；乃复玷列卿寺，靦颜朝右。其子佺，同父作贼，冒滥为官，任湖广粮储道，赃私巨万。请将金星父子立正国法，以申公义，快人心。"在常若柱的奏疏中，可以看出牛金星已经降清。但牛金星及其子牛佺已被清列为"真心投诚"之人，清朝政府对于常若柱的奏疏置之不理，反而将其罢官。此外，杭齐苏也曾上奏称："乃有天下元凶如伪丞相牛金星及其孽子伪府尹、今黄州知府牛佺，伪尚书、今漳南道兵备张嶙然是也。孽党三人，均当一例骈斩，以泄神人之愤。"同样的，杭齐苏的上奏并未使牛佺遭到杀身大祸，相反却被提升为湖广粮道副使兼右参议。种种的记载均表明，牛金星及其子牛佺已经降清，并且深得清廷的信任。赵翼还在《檐曝杂记》中，对牛金星父子降清的原因进行了推理分析，认为"及阅王阮亭《池北偶谈》，则金星又尝为我朝京卿。盖奸宄之雄，见自成势盛，妄思为佐命功臣，及本朝定鼎，又知天命有归，则背伪主而仕兴朝，尚为得策也"。

也有一部分人认为牛金星并未降清，他们的依据是清道光十七年《宝丰县志》主纂人耿兴宗在《遵汝山房文稿》中所写的《牛金星事略》。他们认为，《清史稿·季开生传》所录的常若柱奏疏不实，牛金星并未降清，而是在李自成死后，仍奋力与清兵作战，因此在常若柱的奏疏里只有"牛金星从闯为逆，弑君残民，抗拒王师，力尽始降"的记载，而这并没有明确指出牛金星降清一事。牛佺虽官至清湖广督粮副使，但一直

没有暴露自己的身份，牛金星最终藏在其子牛佺的官署中，因而得以安享晚年。牛金星临终前嘱佺曰："赖弥缝之巧，得不膏荆棘，可幸。要，不可恃也，吾死，必葬香山之阳，闭门教子勿再出。"牛佺遵其遗嘱，葬牛金星于宝丰香山之阳，即致仕旋里。另一个依据则是根据《明史》记载"牛金星、宋企郊等，皆遁亡"，而且清初众多的记载均未提及牛金星降清之事。

不过《牛金星事略》是孤证，难以成为牛金星没有降清的有力证据。按常理说，如果牛金星不降清，他的儿子恐怕会性命难保，可牛佺后来反而在清朝官场上青云直上，应该与牛金星降清有一定的关系。

张献忠屠蜀之谜

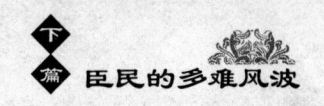

研究发现，如今四川人绝大多数的祖先都是民明末清初"湖广填四川"而来，"土著"很少。对于当时四川人口的急剧减少，很多史书和学者将其归结为张献忠的农民军在四川大肆屠杀所造成。事实的真相到底怎样？对此一直存在着较大的争议。

张献忠（1606—1646），字秉吾，延安卫柳树涧（今陕西定边东）人。崇祯三年（1630年），陕北地区出现连年旱灾，农民纷纷暴动，张献忠率十八寨农民起事，自号八大王，人称"黄虎"。起事后，张献忠克凤阳、焚皇陵、破开县、陷襄阳，连打胜仗。崇祯十六年克武昌，自立大西王，次年，建大西于成都，即帝位，年号大顺。1646年，清兵南下，张献忠战殁于西充凤凰山。

张献忠在统治四川时期，留下的最大的谜团可能要算"张献忠屠四川"了。据《明史·地理志》和《清文献通考》载，明万历六年（1578年）四川省人口尚有310余万，到清康熙二十四年（1685年）却只剩下9万，这是有史以来四川人口的最低纪录，《明会要》以及嘉庆《四川通志》中也都有四川人口锐减的记载。近百年来，史学家们还惊奇地发现，当代四川人的祖上几乎都是"湖广填四川"，从外省迁来的。对这一

反常现象，很多史书和学者将其归结为张献忠农民军滥杀所造成。四川人口的急剧下降和张献忠滥杀有无关系？在这些问题上，目前存在着较大的争议，主要有三种观点。

主流观点认为，张献忠在四川确实大规模杀过人。很多历史记载都支持这一观点，如《明史·张献忠传》中称，张献忠嗜杀，一日不杀人，就觉得不痛快。一次以办科举为名，将应试的士子集于青羊宫，然后全部杀掉……还将成都民众活埋于中园。此外，他还杀各卫籍军98万余人。他甚至专门派遣四将军，分别对各府县进行屠杀。又如费密的《荒书》记载，张献忠"尽一省而屠之"，全省人几乎都被杀光了！吴伟业《绥寇纪略》等书也记载了张献忠及其部将曾先后"屠成都""屠重庆""屠广元""屠保宁""屠锦州等州县"……张献忠为何要对四川人大开杀戒？通过对史料分析，人们认为张献忠屠蜀的原因可能在于报复。乾隆进士彭遵泗所撰《蜀碧》便持这一看法，彭遵泗是四川丹棱人，非常想弄清楚明末家乡发生的这一重大变故。为了写好这本书，彭遵泗收集了大量史料文献，其中包括《明史》《明史纲目》《明史纪事本末》等二十五种。可以说，《蜀碧》中所引证的书目几乎囊括了当时记载张献忠据蜀的所有史料。据《蜀碧》记载，张献忠年少时，随父前往内江做生意时，曾受到凌辱，于是张献忠便发誓："当我再来此地时，要将四川人全杀光，这样才能泄我心头之恨！"也有民间传说称，张献忠率军由湖北入四川时，在野外解手，不巧手抓着活麻，手和臀被刺痛，他十分生气，曰："四川人真厉害，连草都这么凶，我就从这里杀起！"于是便出现了"千里无烟，空如大摸"的剿川惨状。

也有观点认为，张献忠在四川并没有杀人，相反却非常注重军队的

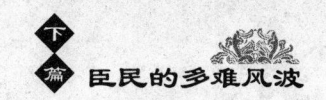

纪律。如顺治元年（1644年）起义军由重庆向成都进发时，张献忠下令，不准杀降;在攻打泸州时，发布檄令说，凡我军士，如有借故滋扰，株连良民，及其他淫掠不法情事者……务须从严查办、赔偿损害（《张献忠屠蜀记》上册）。大顺二年（1645年）三月，《大西骁骑营都督府刘禁约碑》又明令严禁"扰害地方""妄害良民"。有些记载表明张献忠和老百姓的关系是不错的，《石匮书后集·盗贼列传》中记载，崇祯十三年，左良玉大败张献忠于太平县之玛瑙山，杀死张献忠部队万余人，张献忠骁勇善战的精锐部队几乎被全歼，只剩下千余人。此役使得张献忠元气大伤，但在当地民众的帮助和支持下，很快他便重整旗鼓。顾山贞的《客滇述》中，也有一段谈到当初张献忠败走梓潼，后面追兵紧追不舍，张献忠余部死伤惨重。但张献忠为了数百平民，亲自去救援。由此推断，张献忠并没有在四川大肆杀人，否则民众也不会欢迎他，相反有些地方老百姓在张献忠牺牲后，特在庙宇中塑张献忠像，以示纪念。持这一观点的专家们认为，明末四川人口减少的主要原因，是明朝廷与当地少数民族间的连年战争，明、清官兵和四川地方地主武装对起义军的屠杀，清军与明军、清军与吴三桂之间在四川长期战争造成的杀戮以及天灾频仍、瘟疫流行的综合结果。张献忠在四川所杀的主要是明宗室、官员及顽抗的明军，并未滥杀百姓。之所以说张献忠是杀人魔王，完全是清政府为了隐瞒真相，把他们自己干的这些大屠杀全部栽赃给张献忠!

折中的观点则认为，张献忠虽然没有滥杀，但确有杀戮扩大化倾向。在他所杀的人中，也包括一些无辜民众，如他在四川杀掉投靠李自成的人，甚至把俘虏全部杀死;在镇压当地士绅反抗时，也不分青红皂白，冤杀了不少人;撤离成都时，杀后妃宫女以及那些不愿随其一同撤离的人。

此外，他在在占领四川期间还杀了不少乡绅士子，如顺治二年十二月应张献忠开"特科"前来赴选的进士、举人、贡士，被张献忠称为"谋图不轨"，一次屠杀就达五千人之多。另外，他还杀过医僧匠役和士卒。大规模杀戮使得上至士绅阶级，下至贩夫走卒之流对张献忠都颇有意见。但四川人口锐减不能完全归咎于张献忠，而且明朝、清朝政府也曾在四川杀人。

在张献忠屠蜀这一问题上，目前仍是众说纷纭，各执一词。

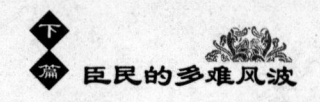

英雄遗恨：驰骋疆场的功过之谜

在中国历史上曾涌现出众多为后世敬仰的民族英雄，每当山河破碎、黎民遭涂炭时，他们没有选择逃避，而是担负起抗争的神圣使命，为民族的延续与发展付出了心血甚至生命。明朝的这类英雄也有不少，但这些人也带来无数的争议，在他们身上究竟有哪些秘闻呢？

郑成功死亡之谜

1661 年，郑成功亲率战舰 120 艘，将士 25000 余人，在金门料罗湾誓师东进，开始了收复台湾的英雄壮举。在海战中，郑军击沉荷军主力舰"赫克托"号，收复了"赤嵌楼"。1662 年 2 月 1 日，荷兰侵略军向郑军投降，被侵占达 38 年之久的台湾终于重归祖国怀抱，郑成功也因此

成为中国历史上第一个收复宝岛台湾的民族英雄。然而，正当郑成功准备在台湾大展宏图之时，却猝然死去，年仅39岁。郑成功究竟是怎么死的呢？

郑成功（1624—1662）原名森，号大木，福建南安县石井村人。其父郑芝龙，南明隆武朝被封"建安伯"，曾组织向台湾移民，积极开发台湾岛。清顺治二年（1645年），21岁的郑成功在福州受到南明隆武帝朱聿键的召见，颇受赏识，赐国姓（朱），改名成功，郑成功"国姓爷"的尊称由此而来。顺治十年，他被南明永历帝朱由榔封为"延平郡王"。身为明末清初重要的历史人物，郑成功的英年早逝自然引起人们的关注。

很多史籍都记载郑成功死于疾病，但对病因的说法不一。有的说是"感冒风寒"，有的记载"偶伤寒"，有的描述为"骤发癫狂"，也有的说"肺结核病"，外国学者乔治·菲力浦甚至认为郑成功得了"疯狂病"。从如此之多的致死病因中，我们可以看出，人们对郑成功的死因其实并不确定。不过从众多的记载中，人们渐渐发现郑成功的死因有些蹊跷，如同时代的林时对在《荷闸丛谈》记道："（成功）骤发癫狂，咬尽手指死"；夏琳则在《闽海纪要》中提到："（成功）顿足抚膺，大呼而殂。"从这些记载中，可见郑成功死前的症状有异常，什么病致使郑成功在死前呈现出如此痛苦之状呢？

有的学者提出，郑成功可能是被人用毒药害死的，而不是宣称的得疾病而亡，郑成功死前的情状完全是毒性发作的症状。除夏琳《闽海纪要》、林时对《荷闸丛谈》的记载外，其他很多史籍也描述了郑成功死前的情状，如江日升《台湾外纪》说他"以两手攀面而逝"，吴伟业《鹿樵纪闻》说他死时"面目皆抓破"，外国学者乔治·菲力浦在其所写的《国姓爷的一生》中写道，郑成功临死时曾用牙齿咬破嘴唇、咬断舌头。如果是因病而亡的话，郑成功似乎不应出现这样剧烈的反应，相反这些反应与毒发时的症状极为相似。而且，据夏琳在《闽海纪要》中的记载，郑成功病重时，他的手下都督洪秉诚调药以进，郑成功却将药碗扔在地上，大呼而亡。郑成功为什么会这样呢？可能是郑成功已经意识到有人在给他下毒，所以对不再信任周围的人了。此外，马信此人在郑成功死后神秘死去也是个重大的疑点。马信是清军降将，后来成为郑成功的亲信。郑成功临死前一天，马信曾推荐一医师投药一帖，当晚郑成功便死去。五天后，他也无病而终。因此，很有可能是马信为人收买投毒，事成后，又被真正幕后的主谋杀人灭口。

如果以上猜想为真，那么毒死郑成功的幕后黑手会是谁呢？从当时的局势看，嫌疑人还真不少。

主流观点认为毒杀郑成功的主使者是清政府。清政府为了剪除郑成功，不惜重金，收买郑成功的亲信，"用一种慢性毒药投放到郑成功的饮食中去"，最后随着毒性积聚，"郑成功中毒身亡"。史书记载，清王朝曾收买郑成功的厨师，准备在点心中投放毒药孔雀胆来毒杀郑成功，但这个厨师几次都因为胆怯而放弃动手。最后厨师经不住内心的折磨，将此事告诉了自己的父亲。他父亲得知真相后对其痛加斥责，并将他带到郑成功面前负荆请罪，最终郑成功宽恕了他。此次谋杀虽然没有得逞，但说明清政府不仅有毒杀的动机，也有过实施毒杀的行动。

也有人认为，毒杀郑成功的主使是郑氏集团内部的某些人，郑氏集团本身并非铁板一块，如郑成功的一些有实权的兄弟子侄辈中，就不少人对郑成功政权虎视眈眈，其中以郑泰为首。郑泰长期掌管郑氏集团的东西洋贸易，执掌财政大权，深得郑成功信任，但他早存异心，曾极力反对郑成功收复台湾。郑成功收复台湾后，百废待举，财政十分困难，可郑泰并没有拿出资金来帮助郑成功渡过难关，反而将三十多万银子存放到日本！可见他希望郑成功被各种困难击垮，取而代之。但事情的发展与其愿望相反，台湾的形势在郑成功的积极努力下，渐渐有了很大的起色。郑泰知道自己在背后的小动作已经让郑成功有所察觉，出于担心被日后算账，郑泰有动机毒杀郑成功。郑成功死后，郑泰马上伪造郑成功遗命，讨伐郑成功之子郑经，由此可见，郑泰是幕后策划者的嫌疑很大。

另外，由于郑成功平时纪律严明，赏罚分明，肯定因此也会得罪了一些人，这些人在外界的诱惑下，可能会铤而走险，参与到毒杀郑成功的活动中。

还有一种观点认为，郑成功"家族不睦，其子乱伦"是他致死的原因。郑成功收复台湾后，郑氏内部便出现了裂痕，父亲反叛，兄弟间貌合神离，使得郑成功痛心疾首。与此同时，郑成功家中也出了件丑事，即其子郑经与乳母陈氏私通，郑成功初不知，后经人告发，"令郎狎而生子，不闻饬责，反加赍赏，此治家不正，安能治国乎？功顿时气塞胸膛"，随即下令杀郑经、陈氏。郑经得知，对此事掩饰搪塞，而且还对郑成功说，若要一意孤行，就准备与清军相妥协。遭此打击，性格刚毅、崇尚礼教的郑成功终于在1662年5月8日大呼："吾有何面见先帝于地下也"，"以两手抓其面而逝。"

以上都是一家之言，但要揭开郑成功的真正死因，恐怕仍然是很困难的。

戚继光斩子疑案

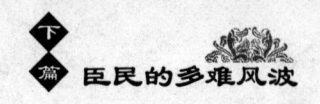

自古"虎毒不食子",然而据说戚继光为了严明军纪,竟将自己的儿子斩于阵前。事实的真相到底如何?戚继光真的会为了严明军纪而大义灭亲吗?

戚继光(1528—1587),字元敬,号南塘,晚号孟诸,明朝名将,民族英雄,军事家。戚继光自幼喜读兵书,勤奋习武,立志报国。17岁袭父职任登州卫指挥佥事,抗击入侵山东沿海的倭寇,并赋诗言志:"封侯非我意,但愿海波平。"嘉靖三十四年,调任浙江。次年,升都司参将,镇守宁波、绍兴、台州,与倭寇三战三捷。三十九年,改任台州、金华、严州三府参将,次年获"台州大捷",至此,浙江倭患解除。四十一年,奉命入闽,与俞大猷和刘显协力作战,攻克平海卫,升福建总兵。其后又与谭纶、俞大猷等抗倭名将浴血奋战十余年,荡平东南沿海倭患。隆庆元年(1567年),戚继光奉调京师练兵。万历十一年(1583年),受排挤,调镇广东。十三年,遭诬陷罢归登州。十五年十二月初八病卒,终年61岁,有《止止堂集》留世。所撰《纪效新书》《练兵实纪》为明朝著名兵书,受到兵家重视。

戚继光戎马一生,战功卓著。他以岳家军为榜样,对士兵严格要求,

命其一不扰民，二要拼死杀敌，成为正义之师，他的戚家军使倭寇闻风丧胆。关于戚继光严明军纪、赏罚分明、不徇私情的品质，在浙江和福建一带一直盛传着"戚继光斩子"的传说。传说的版本不一，其真假与否，尚无定论。

根据浙江临海的故事版本，嘉靖年间，戚继光率领戚家军在海门一带抗倭。一次，约三千名倭寇在海门沿海上岸，准备去临海、仙居一带抢劫。戚继光命令戚小将军领兵在双港与城西交界的花冠岩一带埋伏，自己出兵佯败，把倭寇引到上界岭，等倭寇全部进入包围圈后，再两军夹击，一举全歼。可戚小将军年轻气盛，杀敌心切，没等倭寇全部进入包围圈就下令擂鼓冲锋，结果让一部分倭寇逃脱了。戚继光回营升帐，因戚小将军没按照军令行事，便下令将他推出去斩首。陈大成等将领跪在地上要求留他一条性命将功赎罪，戚继光说："我是一军主帅，如果我的儿子犯了军令可以不杀，以后还怎么带兵？军中的命令还有谁去执行？"于是，就在白水洋上街水井口这个地方，戚继光忍痛斩子。当地百姓为了纪念打了胜仗又被斩首的戚小将军，修建了"太尉殿"。浙江省温岭县民间也有类似的传说，不过斩子地点在肖泉，当地至今仍有肖泉小将军庙故迹，而两地所传被斩的小将军都是戚祚国。

在福建宁德的版本中，戚继光率兵入闽抗倭，头一仗打的就是海上倭寇巢穴——横屿。横屿是一个海上孤岛，与宁德的樟湾村隔海相望，涨潮一片汪洋，落潮泥泞一片，不易攻取。经过侦查，戚继光决定在中秋节下半夜出击，拂晓前捣毁横屿倭巢。临行前，戚继光晓谕全军："潮水涨落，分秒必争，只许勇往直前，不准犹疑回顾。违令者斩！"戚继光任命儿子戚狄平任先锋官，首先出发。戚狄平带领队伍行至麒麟山下的宫门嘴山口时，想确认父亲所在的中军是否跟上来，就回头望了望。没想到后面的将士以为先锋有令传达，队伍就停了一下。戚继光发觉有人停马回头，立即询问是原因。中军回报说：是戚先锋回顾所致。戚继光大怒，命人将戚狄平绑至马前，斥责道："你身为先锋，带头违令，如何叫三军将士服从军令。"于是不顾身边部将说情，下令按军法就地问斩，结果，戚狄平在大路边被斩首示众。戚家军扫平了横屿倭巢之后，就南下福清继续追剿倭寇。在一次战斗间隙，戚继光登上闽侯吼虎山，想起爱子被斩于宁德樟湾村头，不禁伤心落泪。后人就在他曾立足思念爱子的地方建起一座六角凉亭，取名"思儿亭"，樟湾百姓还在当年戚狄平被斩的地方立有"恩泽坛"石碑，以永远纪念戚继光斩子的大义之举和戚氏父子剿倭保民的功劳。此外，福建还有许多其他版本"戚继光斩子"的传说，其中连江、宁德、闽侯民间传说斩子地点在连江麒麟山下，斩的是戚狄平；福州民间传说斩子地点在福州北岭，闽侯民间也有此说；仙游、莆田等地民间则均传说斩子故事发生在当地（莆田说在城外），斩的是戚印。

种种传说表明了"戚继光斩子"在民间的影响力，但也有人提出异议，如郭沫若就认为该传说乃"后人所造的"。

疑点总结起来，大致有三：第一，在正史和有关资料中没有关于该传说的记载。《明史》《明书》《闽书》，尹璇的《罪惟录》、董承诏的《戚大将军孟诸公小传》和汪道昆的《孟诸戚公墓志铭》等著作中均未提及此事。

第二，戚继光的长子戚祚国等在戚继光死后曾为其编纂《年谱》，这样看来，"戚祚国"版的斩子传说应该是编造的。而且《年谱》对戚继

光的事几乎有闻必录，但对戚继光斩子的事却没有谈及。更重要的是，根据《年谱》记载，戚继光和结发王氏于嘉靖二十四年成婚，即使立刻得子，在他于嘉靖三十四年赴浙江和嘉靖四十一年入闽抗倭时，其子也年龄尚小，不足以在战斗中任要职。

再次，戚继光在其死前所作的祭祀祖先的《祝文》中记载自己有五子，其分别为祚国、安国、昌国、报国和兴国，其中并没有提到戚狄平和戚印。由此推断，戚狄平和戚印应该不是戚继光之子，即使其人存在，充其量也不过是戚继光的义子罢了。

看来，"戚继光斩子"的传说是否属实，还需要更多的证据来加以证明。

萨尔浒战役之谜

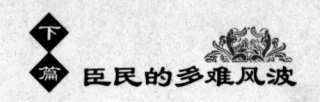

萨尔浒之战，是明朝与后金政权争夺辽东的关键性战役。明朝衰亡，后金兴起，皆源于此战。在这次战役中，后金军运用了集中兵力、各个击破的方针，五天之内连破三路明军，歼灭明军约 6 万人，缴获大量军用物资，成为战争史上集中优势兵力各个击破的出色战例之一。

后金是在明末由居住在我国长白山一带女真族建州部建立的政权。北宋末期女真完颜等部建立金朝后，由东北进入黄河流域发展，但女真族还有一些部落仍留在东北。明朝初年，这些居住在东北的部落逐渐形成了海西、建州、东海三大部。明神宗万历十一至十六年（1583—1588年），建州女真的首领努尔哈赤统一建州各部，后又合并了海西与东海诸部，建立了后金政权。努尔哈赤在统一女真各部过程中，逐步确立起了八旗军制。八旗士兵在平时是老百姓，但在战时便成为冲锋陷阵的士兵。最初只有黄、白、红、蓝四色旗帜，后又增编了镶黄、镶白、镶红、镶蓝四旗，始为八旗。八旗每旗可出兵 7500 人，共有兵力 6 万余人，以骑兵为主。此外，还修筑了赫图阿拉等城堡，补充马匹和战具，屯田积粮，积极备战。万历四十四年，努尔哈赤建立后金，年号天命，自称大金国汗，以赫图阿拉为都城（故址位于今辽宁新宾西）。

后金政权初具规模后，努尔哈赤便在万历四十六年二月召集贝勒诸臣讨论方略，制订了攻打明军、兼并女真叶赫部、最后夺取辽东的战略方针。经过精心的准备和计划，努尔哈赤以"七大恨"誓师，历数明廷对女真的七大罪状，发动了对明朝的战争。战争开始后，后金部队长驱直入，至七月，明抚顺以东诸堡大部失陷。

在战场上的接连失败，使得明朝政府十分恼怒，决定发动旨在将后金一举消灭的一场大规模的战争。为达此目的，明朝政府进行了精心的部署：以总兵杜松为主力，出抚顺关，从西面进攻，称西路军；以总兵马林合叶赫兵，出靖安堡攻其北，称北路军；以总兵李如柏经清河堡、鸦鹘关，从南面进攻，称南路军；总兵刘𫟼会合朝鲜兵，出宽甸攻其东，称东路军；另有机动部队保障后方交通，而辽东原巡抚杨镐为兵部左侍郎兼右佥都御史，坐镇沈阳指挥。四路明军分头并进，最后于三月初二会师赫图阿拉。

明廷志在必得，骄横无状，甚至这次战争的总指挥杨镐在出师前的24小时，派人向后金下战书。"师期已泄"，使努尔哈赤得以从容做出决策。他通过对双方情况的分析发现，虽然后金的八旗兵力一共只有六万余人，总兵力明显处于劣势，但明军采取的是分进合击的策略，在四路军中只有西路对自己这一方威胁最大，其他三路因路途遥远，在短期内是绝不可能到达的，因此他的对策是"凭尔几路来，我只一路去"，决定先歼灭西路军，然后再根据战场的具体情形，相机破敌。于是，他将六万八旗兵集结于赫图阿拉附近，等候着西路军的到来。西路军由于冒进，孤军来到萨尔浒（今辽宁抚顺东浑河南岸）时，让以逸待劳的后金军队抓个正着。西路军随后一分为二，主力在萨尔浒驻扎下来，另一部则由杜松率领攻打吉林崖。努尔哈赤针对西路军分兵情况，派遣大贝勒代善、四贝勒皇太极率两旗兵力增援吉林崖，截击杜松，使西路军两部不能互援，自己则亲率六旗兵力进攻驻扎在萨尔浒的西路军主力部队。经过激战，西路军的主力部队被击溃，接着后金军合击进攻吉林崖的杜松部，明西路军全部被歼灭。

全歼西路军后，努尔哈赤又向明北路马林军进攻。经过激战，马林部大败。击溃马林后，努尔哈赤立即南下，同时散布谣言，说杜松的西路军已逼近赫图阿拉，要东路军速进，诱其入伏。东路军不知是计，加快了行军步伐，当部队进入到阿不达里冈时，中伏大败。杨镐坐镇沈阳，空自掌握着一支机动部队，却未能策应四路明军。及至三路失败后，他才慌忙命令南路李如柏军撤兵。李如柏军在回师途中，被小股后金军袭击，却以为是对方主力部队进攻，因而惊慌失措，部队也阵脚大乱，士兵们自相踩踏，死伤千余人，至此，萨尔浒之战落下了帷幕。

萨尔浒之战，后金军以劣势兵力，在五天之内，连破三路明军，歼灭明军六万多人，战役以明军的失利、后金军的胜利而告终。此战过后，后金政权更加巩固，从此夺取了辽东战场的主动权。而明军则因此次失利，陷入被动局面，战略上由过去的盲目自大转变为软弱妥协、消极防守。此战是灵活用兵、以少胜多的著名战例，在中国战争史上占有重要的地位。

萨尔浒之战明军失利，主要有以下几个原因：第一，明军轻敌自大，对后金军的作战能力估计不足，不调查敌情就盲目行动，最终并没有达成分进合击的战略目标，反而被对方各个击破。第二，主力部队轻敌冒进，孤军深入，得不到有效的补给，最终全军覆没，使得后来南北两路

军陷入被动境地，同时也为后金军从容转移兵力，集中优势兵力、各个歼灭创造了有利战机。第三，杨镐作为军事统帅，他远离前线，对战场的情形也不了解，因此并不能根据战局的变化来调整自己的策略，所以萨尔浒之战从一开始就注定要失败。当然，明军竟然在作战之初，便将自己的作战意图泄漏给对方，也是失败的一个重要原因。最重要的是，以努尔哈赤为首的后金军，指挥有方，在战略方针上更胜一筹。他们通过对彼此双方的情况进行分析，确定了集中优势兵力、逐个歼灭的策略，从而扭转了战场的不利形势，保证了战役的胜利。

吴三桂降清之谜

提起明末的吴三桂，我们会很自然地想起他身为明将而引清兵入关的史实，他也因此而遗臭万年，为人所唾弃。对于此种结局，吴三桂想必早有心理准备，可是他为何甘冒身败名裂之险，投降清军呢？

吴三桂（1612—1678），辽东人，武举出身，以父荫袭职军官，明末任辽东总兵，驻守宁远。崇祯十七年（1644年）三月初，李自成率领大顺军逼近畿辅，明廷诏令吴三桂与蓟镇总兵唐通率兵保卫京师。三月十一日，大顺军进抵居庸关，唐通投降。此时，吴三桂已率辽东明军约四万人及八九万关外汉民陆续进关，暂屯于山海关至滦县、昌黎、乐亭、开平一带。李自成于是命唐通率本部兵马，带着银两和财物，到山海关去招降吴三桂和山海关总兵高第。此时，明朝眼看即将灭亡，朝中的大臣们都在寻找后路，其中投降大顺看来是吴三桂的最优选择。改朝换代，自古亦然。既然明太祖贫僧一名竟是真命天子，那么李自成这个驿卒又为什么不能做皇帝呢？并且，大顺政权给吴三桂的条件非常优厚。李自成曾派人给吴三桂送去四个月军粮及白银四万两，并声明"候立功日升赏"。这对于已缺饷一年多的吴军来说，可谓是雪中送炭。吴三桂当时确有降大顺之意，但后来吴三桂为何会投降清廷呢？古往今来，人们对此

谜团大致有如下几种解释：

有不少文人才子和百姓人家相信促使吴三桂降清的原因是为了一个女人——陈圆圆。李自成所率的大顺军攻陷京师，明崇祯帝自缢，使得正在赶赴京师途中的吴三桂立刻没了主意，本来是进京保护皇帝的，可现在皇帝没了，自己该怎么办呢？这时占领北京的李自成派人给吴三桂捎了话来：如果归降大顺政权，将提供四个月军粮及白银四万两。吴三桂思前想后，觉得明朝既已灭亡，但自己和所率部众还得生存，因此便打算投降李自成并处理了相关事宜，继续向北京行进。但正在行进途中，吴三桂接到密信一封，说其父吴襄被李自成的部将刘宗敏严刑拷打，勒索20万两白银。吴襄已交了白银5万两，但刘宗敏仍不放过他。吴三桂闻听老父遭罪，不禁生出怒气。再读下去，得知自己的爱妾陈圆圆竟被刘宗敏霸占，立刻感到忍无可忍，把李自成派来的两名来使一人斩首，一人割去双耳，并宣布与李自成势不两立。当时除了李自成的农民军势力，就是正处于上升趋势的大清势力，舍去了前者，吴三桂自然要投靠后者了。

也有一种观点认为，吴三桂降清实在是为形势所迫。当年京师西边的门户——大同陷落，使崇祯帝乱了方寸，于是他顾不了许多，急召肩负北防重任的吴三桂来保京师。领旨后的吴三桂立即带着人马赶赴京师，谁知还没到达目的地，李自成的大顺军就已攻陷京师，崇祯帝自缢身亡。此时明蓟镇唐通已降大顺，李自成本来也想招降吴三桂，但由于种种原因未能遂愿。李自成认为既然不能招降吴三桂，就要立即除去这股势力，于是李自成率兵10万，号称20万东出京师。吴三桂得知李自成此举，自知凭自己的力量绝对难以对抗大顺军。为求自保，吴三桂只得提出给

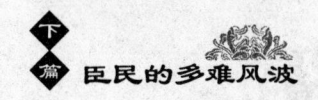

予大清钱物和部分地皮，向其借兵，后又为李自成攻势所迫，多次向清军求援。多尔衮等人大喜，便顺势招降了吴三桂。因此，吴三桂降清实为形势所迫。

还有一种观点认为吴三桂本意并非降清，而是借清兵来讨伐大顺，光复明室。吴三桂获悉京师已为李自成所占，皇帝自缢而亡；后又闻知自己的父亲遭大顺将领的严刑拷打，就连爱妾也被大顺将领霸占。国恨家仇坚定了吴三桂讨伐李自成大顺政权的决心。但自己势单力薄，难以对付大顺。环顾宇内，当时可以和大顺军相抗衡的非清兵莫属。于是吴三桂向清兵提出，愿给予清兵钱物和土地，换取其发兵讨伐大顺。然而大清的最终目的是入主中原，结果吴三桂反被多尔衮率领的清军利用。清军乘机入关，而吴三桂的借清兵以伐大顺之设想也成为泡影，只得降清。

也有人认为，吴三桂降清并非一时冲动之举，而是他审时度势、深思熟虑后所做的决定。自从李自成的大顺军占领北京、明崇祯帝自缢而亡后，他能投靠的有三股力量：一、大顺政权；二、满清力量；三、南明朝廷。李自成的大顺军人数虽众，但在京城胡作非为甚至骚扰百姓，许多将士对明廷降臣进行拷掠追赃，吴三桂的老父便深受其害。由此可见，大顺政权不懂得与明朝的官僚合作以稳定社会秩序的重要性，发展势态不容乐观，选择投靠大顺政权不是明智之举。南明小朝廷已是丧家之犬，重振朱明王朝的雄风万无可能，选择它也是穷途末路。而当时的大清势力却处于上升状态，势力颇强。吴三桂考虑再三，最终决定投降大清。

史可法功过的争议

在中国历史上曾涌现出众多为后世敬仰的民族英雄，史可法无疑是其中的一位。在山河破碎、社稷易姓之时，他没有逃避，而是担负起抗争的神圣使命，最终慷慨就义。但同时史可法也是一个颇有争议的人物，人们对其评价褒贬不一。

史可法，字宪之，号道邻，万历三十年生于河南祥符，即今开封。史可法的成长时期，正是大明江山内忧外患、危机日重之时。天启元年，府试开考，史可法被主考官左光斗点为顺天府秀才第一名。天启七年中举，崇祯元年中进士，史可法先后担任过西安府推官、户部主事及员外郎、户部都给事中、右参议和安庆、庐州、池州、太平四府巡抚等官职。崇祯十六年，他被朝廷任命为南京兵部尚书。次年三月十八日，李自成率领农民军攻破北京，明朝灭亡。朱由崧在南京被人拥戴为弘光皇帝，建立南明王朝，史可法为首相，但不到半月就被奸佞马士英排挤掉。当时正值江北的靖南侯黄得功、兴平伯高杰、东平伯刘泽清和广昌伯刘良佐四个藩镇在扬州一带飞扬跋扈，拥兵自重，于是史可法到扬州督师，协调四藩。他左右斡旋，甚至委曲求全，终于使得这些骄兵悍将暂时相安无事。正当史可法调停藩镇、招揽人才、筹建河防之际，收到了清摄

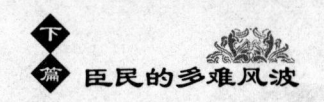

政王多尔衮的招降书，一手以高官厚禄相引诱，一手以强兵压境相威胁，意在扫除率兵南下的障碍。史可法不为所动，针对来信，有理有节地给予了答复，称南明军队即将挥师北上，收复失地，光复神州的决心不可动摇。

然而此时的南京，马士英、阮大铖之流肆无忌惮地大闹党争，排斥打击东林党人，致使高弘图、姜日广等南明元老纷纷退隐以示抗议。朱由崧当上皇帝后，无心朝政，一心忙着大兴土木修宫殿，又派宦官们四处出动，到民间去寻访秀女以充实后宫，供其淫乐。天下有识之士对南明小朝廷的所作所为，无不深感痛心和失望。史可法数十次上书苦谏，恳请南京方面改弦易辙，但结果均如石沉大海。相反，在北方，爱新觉罗·福临进入北京城后，即皇帝位，史称顺治皇帝。他重申废除明末加派的赋税以安民心，同时命多铎经略江南，阿济格西击李自成。清军于十月南抵宿迁，十一月占领山西，十二月渡黄河南下。到第二年（1645年）正月，清军破潼关，入西安；三月，清军平定河南；四月，多铎率清军渡过淮河，明将刘泽清投降。在清军兵临扬州城下的危急时刻，史可法下定必死的决心来抗击清军，保卫扬州。清军主帅多铎先后五次亲自致书，史可法都不启封缄。于是清军攻城，史可法率军民浴血而战，历时七昼夜。二十五日城破，军民又与清军展开巷战，大部壮烈牺牲。战后纵兵屠戮，十日不封刀，烧杀淫掠，无所不至，繁华都市顿成废墟，百姓死亡在八十万之上。城破时史可法被俘，多铎劝诱归降，史可法说："城存与存，城亡与亡，我头可断，而志不可屈。"遂英勇就义。史可法牺牲后，他的养子未找到史可法的遗体，便把史可法穿戴过的衣冠葬在扬州梅花岭上，称为"衣冠冢"。

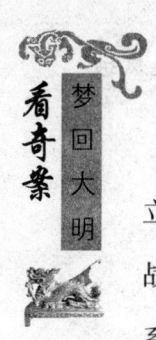

学术界对于如何评价史可法，至今仍有争议。有的学者认为他在拥立福王为帝的问题上，未能坚持自己的立场。有的学者则提出史可法在战略上过于保守，军事指挥毫无建树，南明军事上的溃败和他脱不了干系。有的无产阶级学者还提出在对待农民起义军问题上，史可法主张坚决灭寇，是镇压农民起义军的刽子手，是历史的罪人。顾诚在《南明史》中对史可法的评价代表了持否定论的心声，他是这样总结的：作为政治家，史可法在策立新君上犯了致命的错误，导致武将窃取"定策"之功，大权旁落；作为军事家，他以堂堂督师阁部的身份经营江北将近一年，耗费大量的人力、物力、财力，却毫无作为，清军主力一南下，他所节制的绝大多数将领就倒戈投降，变成清军征服南明的劲旅，史可法驭将无能由此可见。即以扬州战役而言，史可法也没有组织起有效的抵抗……明清易代之际激于义而死焉者多如牛毛，把史可法捧为巨星，无非是因为他官大；孰不知官高任重，身系社稷安危，他在军国重务上的决策几乎全部错误，对于弘光朝廷的土崩瓦解负有不可推卸的责任。也有一部分学者认为，要转换角度，从另一个方面去理解和认识这个人物。他们认为那个时候是一个动荡的年代，整个社会充满着争名夺利、唯利是图的风气，无论史可法做什么，都是无济于事的。这样的历史条件下，史可法在保卫民族利益方面的精神影响对后代产生的影响就显得尤为宝贵。史可法抗清是清统治者南侵后第一次遇到的坚决抵抗，他拉开了持续四十余年之久的抗清斗争的帷幕，成为抗清的一面旗帜。史可法抗清的影响和他的号召力，都表明广大人民对其已经有了公正的评价，这也正好符合魏斐德在《洪业——清朝开国史》中所论述的："就面对困境的坚忍而言，史可法得到了同时代人极为公正的评价；不论他为个人操

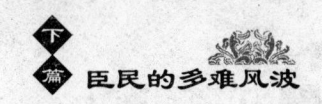

守付出了怎样的直接的政治代价,但是他的死难却为国人所敬仰,甚至是仿效。"

此外,他们还认为,关于史可法的"联清灭寇"主张也应具体问题具体分析。史可法始而力主"灭寇",继而在清军入关之初主张"联清灭寇",进而转为"御敌灭寇",最后"坚决抗清",这种思想转变是受当时的形势所逼。但不管怎么变化,他的思想轴心只有一个,即中兴明室。而中兴所依赖的军事力量在哪儿?左良玉的部队虽号称80万,但盘踞武汉,不听调度,能够暂听指挥的四镇之兵加起来也不过10万人,且均系骄兵悍将。兵力不足怎么办?史可法参考唐肃宗"借兵力于外夷以张军势"的思路,希望历史上"回纥助唐"平安史之乱的故事重演。同时他对于清贵族蓄谋取明而代之、入主中原的政治企图缺乏认识,于是"联清"思想应运而生。但随着事态的发展,史可法对清统治者的野心已经了然,思想也逐渐转变,直至议和破裂,最后走上坚决抗清之路,遂有"扬州十日"。事实上,在史可法生命的最后一年中,他对农民军"一矢未加",那高喊的"灭寇"只不过是纸上谈兵,"联清灭寇"的主张也是当时统治阶级的政治立场,要史可法违背封建道德标准,在崇祯帝尸骨未寒的情况下,去联合"君父之仇"的"寇"是不可能的,故而不得不选择有先例的联夷政策。而且,当他一看出清统治者的阴谋,便由"联清灭寇"而转为"御敌灭寇",毅然走上了抗清复明的道路。

嘉靖年间倭寇肆虐之谜

日本，中国古代称其为倭奴国。唐咸亨年初，以近东海日出而重新命名为日本，但此后人们仍习惯称日本人为倭人，称日本海盗为倭寇。明朝嘉靖年间，我国东南沿海千里海防告急，倭寇肆虐。造成这场倭患的真正原因是什么？倭寇又是由哪些人员组成的？

嘉靖年间，东南沿海地区警报频传，海盗登陆劫掠的事件一再出现，遍及浙江、福建、广东各省，而且规模越来越大，一时间成为东南地区的巨患。这些海盗烧杀抢掠，横行不法，令各地受害的民众痛恨不已。由于海盗来自日本，因此人们称这些海盗为倭寇。

倭寇入侵事件，早在元朝时就已经发生。根据泉州地方志记载，元朝至元二年（1336年）的时候，倭寇烧杀抢掠事件时有发生，惠安县衙曾被倭寇烧毁；至正七年（1347年）惠安县衙再次被倭寇烧毁；至正年间（1341—1368），一股倭寇在金门登陆，于马坪附近各乡村大肆焚掠，因台风沉船，被当地群众全部歼灭。根据史料记载，倭寇入侵事件直到元朝覆亡仍未终止，这时期的倭寇基本上是由日本武士、走私商人及破产的流民组成的。

但嘉靖年间的倭寇，仍然与元朝时期相同吗？有学者提出，与元朝倭寇的组成不同，嘉靖年间的倭寇成分极其复杂，除了一部分真倭寇继续骚扰东南沿海之外，大多数"倭寇"其实是中国人，尤其以私人海上贸易商人和沿海的破产农民居多，如侵犯浙江沿海的"倭寇"多为江南人和漳州人。号称"倭寇"大本营之一的柘林（位于松江县），经常聚集两万多"倭寇"，但其中沿海的破产农民、渔民与盐民占到半数。

胡宗宪在《筹海图编》中指出，今天的倭寇数目庞大，大约有数万人，都说自己是日本人，其实真正的日本人不过数千人而已，其余都是中国人，以福建漳州人居多。胡宗宪的幕僚茅坤在其《茅鹿门文集》中记载了这样一件事情：昆山有一个男子，被"倭寇"抓走，五十天后才逃回来，据他说，每艘倭船大约有两百余人，其中绝多大部分都是福建、温州、宁波等地人，中间也有一些徽州人，在这些人中间又以福建人最多，大约占到十之六七，而日本人只有十几个人而已。昆山人归有光在《震川文集》中也有同样的记载，他说当时海上的"倭寇"有上万人，但真倭不过数百人。明代不仅"倭寇"的基本队伍由中国沿海居民组成，甚至"倭寇"的主要首领也大多数是中国人。嘉靖初期，福建人李光头、歙县人许栋占据宁波的岛屿，成为浙江沿海"倭寇"的首领；而陈思盼则以横港为据点，是福建、广州"倭寇"的主要头目。嘉靖中期，许栋、李光头被朱纨消灭，陈思盼被王直所吞并，浙江沿海的倭寇势力转为王直为最大，徐海次之。王直，绰号"老船主"，自称"净海王"，原是徽州海商，因贸易不通便转以抢劫为生，流亡日本，盘踞五岛列岛为根据地，经营多年，成为当时最大的海盗首领。

为何在嘉靖年间"倭患"会如此猖獗？15世纪后期，日本进入一个新的群雄割据时代——战国时代，各地的封建藩侯和寺院大地主为了解

决因连年战争带来的财政困难，提升经济实力，并满足自己的私欲，支持并且组织日本的一些浪人和商人，对中国东南沿海进行掠夺，这样渐渐地，倭患就猖獗起来。恰逢当时明朝的土地兼并现象非常严重，贵族豪门不仅兼并平民的土地，甚至还兼并军卫屯田，造成了海防松弛，从而给倭寇的入侵有可乘之机。

此外，还有一个重要的原因就是明朝实行海禁政策，除了政府之间正常的朝贡外交之外，任何人都不准出海和外国人交易。但实质上当时的中国已初步被纳入世界贸易体系之中，经过双边贸易，沿海的商人和百姓尝到了交易所带来的甜头，因而对明政府的海禁政策非常不满。继而发展成为一部分民众与倭人勾结，占据沿海岛屿，或私下到中国沿海交易，走上武装反抗的道路。如经营海上贸易而"富至巨万"的月港商人洪迪珍，刚开始的时候只是进行走私贸易，但嘉靖三十八年（1559年），明政府派兵追捕他及其家人，最终将其"逼上梁山"，成为武装反抗明朝政府的"倭寇"重要首领。再如当时最大的海上贸易集团的头子王直，本来并不想造反，后因乞求解除海禁，遭到官府的拒绝而最终沦为"倭寇"。即使后来起事，他还是希望朝廷开放海禁，并且表示如果明朝政府能准许通商互市，他愿意"杀贼自效"。可见，嘉靖年间之所以倭患猖獗，正是明朝政府实行严厉的海禁政策，压制刚刚兴盛的私人海上贸易的恶果。

这场倭患最终被平定了，但由此朝廷中的一些官员也意识到海禁过严是造成倭患的一个重要原因，要想彻底地解决倭寇问题，必须开放海禁。嘉靖以后，明朝政府采用了较为开放的政策，倭寇为患的问题才逐渐得到解决。

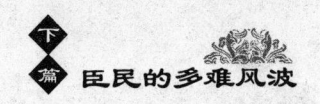

起义领袖李自成：战败之后下落何方

在明朝的灭亡过程中，"闯王"李自成起到了关键作用。他从驿卒做到农民军首领，再到推翻明王朝，后来又离奇败于清军，最后连生死下落也让后人争议不休。他的一生，是传奇的一生，充满了争议。

李自成生死之谜

1644年，"闯王"李自成攻入北京，山穷水尽的崇祯皇帝自杀身亡，李自成如愿坐上了皇帝的宝座，一切似乎都顺利进行。然而，吴三桂在山海关"冲冠一怒为红颜"，形势逆转，功败垂成的李自成仓皇逃离北京，在清军的追击下一路狂奔，不久便传出在九宫山遇害的消息。然而，有关李自成最后归宿的争论也从来没有停息过。李自成是战死沙场，

还是削发为僧？死于何时何地？自清初到现在，数百年来，因官私史乘、谱牒、方志所记，人各异词，有的说他是自杀，有的说他是遇害，有的说他是禅隐老死，死地也有湖北、湖南、山西、江西、贵州等几种说法。

有关李自成归宿的各种说法林林总总有十余种之多，其中影响比较大的主要是二种：一是李自成死于乱军之中，二是李自成兵败后削发为僧，禅隐若干年后圆寂。据此关于李自成死亡的时间和地点也就主要趋向两种说法：一是说顺治二年（1645年）死于湖北通山九宫山，另一说是康熙十三年（1674年）死于湖南石门夹山。事实真相究竟如何，一直到现在仍争议很大，没有定论。

李自成在顺治二年死于九宫山的说法源于清朝将领阿济格向清廷的奏报和南明兵部尚书何腾蛟给唐王的奏报。阿济格是追击李自成到通山九宫山下的清军统帅，在顺治二年闰六月的奏报中，阿济格称"有降将及被擒贼兵，俱言自成窜走时，携随身步卒仅20人，为村民所困不能脱，遂自缢死。因遣素认自成者，往认其尸，尸朽莫辨。或存或亡，俟就彼再行察访"。南明何腾蛟曾两次向唐王奏报，他的第一次奏报说，"斩自成于九宫山"，因长沙府通判周二南死，失首级。在第二次所上的《逆闯伏诛疏》依据归附何腾蛟的原李自成部下张双喜、刘何当的口述奏报，其中说："李万岁爷被乡兵杀于马下，二十八骑无一存者，一时贼党闻之满营聚哭。"

此后，很多记载均认为李自成是在九宫山被地主武装杀害的。费密在《荒书》对李自成被杀的经过有着很详细的记述："李自成独行到牛迹岭，遇大雨，山民程九伯者下，与自成手搏，遂辗转泥淖中……九伯呼救甚急，其甥金姓者以铲杀自成。"在正史以及地方史乘中也有类似的

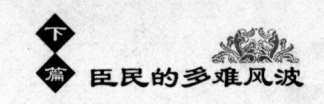

具体记载，如《明史》《小腆纪年》《南疆逸史》《湖广通志》《武昌府志》以及《通山县志》等。特别是后来《朱氏宗谱》《程氏宗谱》的新发现，更增加了这一说法的可信程度。新中国成立后的众多史学家如郭沫若、李文治等人均赞成此说，李自成死于湖北通山九宫山说几乎成为定论。

但也有一些人指出此说存在着许多可疑之处。疑点主要有：首先，对通山九宫山一说进行追本溯源，最早对李自成死讯进行记录的是阿济格和何腾蛟，可二人当时并没有亲眼所见李自成的尸首，而只是在奏报上提到"尸朽莫辨"，他们的消息来源主要是从降兵降将那里得到的，连阿济格自己也不能肯定，即便在当时清廷内部就有很多人质疑消息的可靠性。事实上，阿济格便因迟迟交不上首级为李自成验明正身而遭到上司的严加斥责，而何腾蛟以"谎报战功"的罪名被撤职，可见当时清政府和南明小朝廷都没有确认李自成的死亡。另外，如果李自成真的死于九宫山乡民之手，当时在九宫山的李自成余部还有十万之众，一定会屠杀当地乡民，但史书并没有此类记载。最令人费解的是像李自成这样一位极具影响的重要人物，他的死亡竟然在朝廷的残档、朱批"红本"中都无记载。而通山九宫山说的另一"力证"《程氏宗谱》《朱氏宗谱》都纂修于民国年间，所述当年之事并不可确信。

随着新的考古发现，一些人提出李自成在夹山出家之说。这一说法的依据主要是何璘所撰写的《书〈李自成〉后》和在夹山出土的一些文物。何璘曾到实地进行考察，据山上一位老僧介绍，夹山灵泉寺早年有过一位古怪的和尚，号"奉天玉和尚"，他就曾服侍过奉天玉和尚。据他说，奉天玉和尚是顺治初年来寺的，说话是陕西口音，并取出一幅奉天

玉和尚画像，何璘发现画中的和尚与记载的李自成长相颇为相似，加上奉天玉和尚的法号和李自成的"奉天王"称谓只相差一点，极有可能是故意避讳的，因此他认为这个所谓的"奉天玉和尚"有可能就是李自成，也就是说李自成兵败后最终遁迹湖南石门的夹山灵泉寺，削发为僧。

在夹山附近出土的文物，进一步提供了有力的证据。在澧州发现奉天玉和尚的墓地中出土了与米脂县地方传统的随葬符碑内容十分相近的符碑，此外还在夹山附近出土了"永昌通宝"铜币、刻有"永昌元年"字样的竹制扇骨、铜制熏炉等，"永昌"是李自成在西安建立大顺政权时的年号。更引起人们注意的，是一个铸有隶书阳文"西安王"字样的铜制马铃，这和李自成家乡陕西米脂县出土的、上面铸有"自成王"字样的马铃，形制相同，字样一样，花纹相似。这一切都表明夹山地区与李自成存在着某种联系。此外，有学者还认为当年服侍奉天玉和尚的弟子野拂是李自成义军中的将领、李自成的侄儿李过，这也证明了李自成在夹山出家的可信性。此外，夹山现存的三块石碑、出现的诗集《梅花百韵》也被认为与李自成有关。

但此说也存在着诸多硬伤。首先，何璘所述并不可靠，如奉天玉画像，其实与史书并不一致。《明史》称李自成"状貌狰狞"，且崇祯十四年李自成在作战时左目中矢，因此当时被称作"瞎贼"。而画像中的和尚左目未眇，老僧在叙述中也没有提及他眼瞎，与史书中的李自成相貌相异。其次，夹山现存的三块石碑，并不能证明李自成终于夹山，而只能证明确有奉天玉其人；没有确凿证据、仅凭《梅花集韵》诗集中个别诗句的口气，无法判断诗作者就是李自成。第三，湖南大学者王夫之与李自成是同时代的人，他撰写的《永历实录》所记李自成至九宫山"为土人所杀"有很大的权威性。同时《程氏宗谱》尽管出于民国,但关于程九伯杀害李自成之事是依据旧谱转录的,绝不可能是杜撰,而且该谱与《朱氏宗谱》以及顾炎武的《明季实录》所载一致。

总之,关于李自成逃出北京城后的生死问题一直以来是个谜团,它吸引着众多的专家和李自成研究的爱好者花费诸多时间和精力去探寻,各种说法争论不休,莫衷一是。

李自成称王时间之谜

1644年，是一个特殊的年份，因为这一年，在中国竟然同时出现了三个皇帝：一个是掌控中原江山近三百年的大明王朝崇祯皇帝朱由检，一个是身在东北觊觎中原的大清王朝顺治皇帝福临，还有一个就是奋战数十年、希望取崇祯而代之的大顺王朝永昌皇帝李自成。李自成称帝以前号称"闯王"，但是他究竟是什么时候称王的，也是众说纷纭。

李自成是陕西米脂县人，原名鸿基。因为家境贫寒，小时候曾替人牧羊。少年时喜欢骑马射箭，练就一身好武艺，长大后当驿卒为生。崇祯元年（1628年），陕西发生了大灾荒，各地饥民纷纷暴动。李自成当时因为驿站裁减人员而失去了驿卒的工作，辍业在家的他于崇祯二年在家乡米脂县率领饥民起义，加入了反明的大军，最终成为反明义军的领袖，号称"闯王"。

李自成称"闯王"的准确时间，最常见的说法是崇祯九年。李自成揭竿起义后，以英勇神武、作战勇猛著称，后投奔其舅父、当时已称"闯王"的高迎祥，高迎祥对李自成的到来十分高兴，让他担任第八队的将官，号称"八队闯将"，成为高迎祥手下最重要的将领之一。崇祯九年七月二十日，高迎祥在黑水峪战斗中不幸被陕西巡抚孙传庭

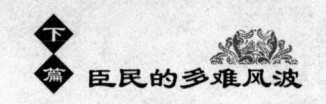

俘获，后押送北京处死，于是众部将推举李自成为"闯王"。李自成在高迎祥死后被拥立为闯王是目前流传最广的说法，此说不仅在野史中被广泛采用，而且《明史》在记述李自成称"闯王"事时也采用了崇祯九年七月说。《明史》在二十四史中修得比较有条理，素以"严谨"著称，又是清代的官修史书，因而具有一定的权威性，所以后人大都以为信史。按常理推测由于李自成本身十分骁勇善战，已经在士兵中有了相当的威望，加上将士们刚失去主帅，内心里十分沉痛，而李自成深受高迎祥赏识，被认为是高迎祥最信任的将领，于是理所当然拥立他接替高迎祥当了闯王。这种说法在情理上比较合理，因此被多数人接受，几成定论。

不过，也有人表示了不同的看法，他们认为李自成是在崇祯十三年十二月称"闯王"的。其理由是，李自成并不是高迎祥的部下，而是率领着一支独立的农民起义军，在米脂县起义后称"闯将"。据《绥寇纪略》记载，高迎祥死后，部众"推其弟迎恩为长"，可见当时统领义军的是高迎祥的弟弟高迎恩，拥戴已故主帅的弟弟为首领，这也符合人之常情，相较之下比推举李自成更为合理。而且，如果李自成在高迎祥被俘后被关中起义军共推为"闯王"，明朝负责镇压义军的官员应该会将该情况汇报。可是在崇祯十三年十一月前，镇压关中义军的明军将领在其奏报、文件中，凡是提到李自成的地方，都称他为"闯将"而不是"闯王"，可见当时李自成并没有称王。还有学者提出李自成根本没有参与黑水峪战役，那时他正率军独立征战，以这些情报来看，当时他不可能受高迎祥部下拥戴而称"闯王"的。所以有人根据《甲申传信录·李闯始末》所载"是年，自成复招集亡命百余人，潜渡入豫，计取洛

阳，群盗复聚，自成遂为戎魁，称闯王"，又据记载李自成攻克永宁时，"恃其众日益强，乃自更其号曰闯王"，断定李自成是在崇祯十三年十二月底于永宁称"闯王"，次年攻破洛阳后，"闯王"之名才广传天下。

这种说法也有问题，因为《豫变纪略》上记载李自成称"闯王"是在他攻克永宁之后、攻克宜阳之前，而事实上攻克永宁是在1640年12月27日，攻克宜阳是在12月20日，这在时间上是说不过去的。可见《豫变纪略》的记载有问题，不足为据。还有一种观点是李自成在崇祯十四年正月攻克洛阳后，才始称为"闯王"的，此说始见于明末清初人的著述。邹漪的《明季遗闻》说"自成既入洛，撰九劝九问诸词，勾引饥民，遂为闯王"，张岱《石匮书后集》称"流寇李自成破河南府……称闯王，独雄一部"，等等，此外，计六奇的《明季北略》、谈迁的《国榷》中也持此种观点，现在看来这种说法似乎更加符合历史事实。当李自成农民军突入河南，攻克洛阳后，为适应日趋高涨的革命形势发展的需要，认真总结了过去长期斗争中的经验和教训，陆陆续续提出了许多新措施、新政策，开始制定政治纲领，提出了明确的斗争口号，诸如：均田、不当差、不纳粮、赈济贫困、除暴恤民、任用好官、平买平卖、通商贾、抚流亡等等，这支农民军的发展已经进入了一个新的历史阶段。这时，为进一步号召贫苦人民起来造反和便于领导起义队伍，李自成在洛阳公布"九劝九问……遂为闯王"。在李自成打入洛阳后，伴随着军事上的不断胜利和起义队伍的迅速壮大发展，他在农民军中的威望大为提高；而起义军保护贫苦人民利益各项措施的提出与实行，也使他愈益博得人民群众的积极拥护和热烈欢迎。

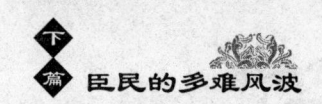

在此时，李自成称闯王的条件已经具备。作为佐证，当李自成一称闯王不久，在河南各地立即开始流行有关闯王的歌谣，如"杀牛羊，备酒浆，开了城门迎闯王，闯王来时不纳粮""吃他娘，穿他娘，开了大门迎闯王，闯王来时不纳粮""闯王"这个名字也开始在百姓群众中广泛传播。

李自成失败的原因

明末李自成农民军起义,推翻了明王朝的统治,对我国近代史产生了深远影响。然而围绕着李自成进军北京最关键的一战——宁武关大战,有许多问题,一直悬而未决。

崇祯十六年五月李自成在西安称顺王,十七年二月遣刘宗敏、李过率两万为前锋,留李友等人守西安,自率马步兵50万从禹门渡河,(禹门,又称龙门,在陕西韩城北30公里处),势如破竹,经山西仅用49天打到北京,推翻了明王朝。我们读史往往奇怪,为什么如此强大的军队,只经山海关一片石一战,在京城只40天,就匆匆撤离,并迅速崩溃。郭若沫先生在1944年著名的《甲申三百年祭》指出是由于革命队伍掠夺贪腐行为所致,《明史》及更多论文认为吴三桂引入清军所致,但作者认为农民军入京前在宁武关与周遇吉大战,是导致李自成胜利和失败关键的一战。

二月初二日,李自成率军50万在沙涡口造船三千,并征集民船万余渡过黄河,攻下汾州(今汾阳)及阳城(今晋城市阳城县),乘胜攻下蒲州(今永济)。初三日攻下怀庆(大致在今河南焦作),杀卢江王载埕。

初五,李自成攻太原,尚未卸任的革职巡抚蔡懋德令朱孔训、牛勇、

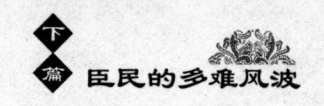

王永魁等督兵五千人出战，一军尽殁，困守两昼夜。初八，李自成以守将张雄作内应，炮轰破城东南角，攻下太原城，蔡懋德自缢死，晋王求桂降。

十六日，李自成到忻州（今山西省忻州市），官民迎降，攻雁门关脚下的军事要镇代州（今属忻州管辖）。总兵周遇吉凭城固守，连战十余日，杀敌万余，积尸几乎与城墙平，因兵少食尽，退守宁武关，知县降。

李自成进逼宁武关，向关内发出通牒，五日不下，屠城。周遇吉悉力拒守，炮伤万余人，火药尽，开门奋击，杀农民军千余人，又趁夜率壮士二百，縋城入农民军营，大胜，农民军退二十里。周遇吉坚守半月，援军不至，开城门诈降，诱农民军万余人进城后，关下门闸，将进城的农民军全部杀死，并杀死农民军四骁将。最后农民军轰塌东城墙，引兵再进，周遇吉的夫人刘氏，蒙古人，饶勇异常，率妇女二十余人登屋而射，被农民军纵火烧死。周遇吉徒步跳荡，手格杀数十人，矢集如猬毛，被执，缚之高竿射杀，或说磔于市，也有说自刎而亡。宁武兵备副使王孕懋全家自杀，三月初一日宁武关陷，李自成屠城。

据《明史》列传第一百五十六说，"周遇吉，字萃菴，辽东锦州卫人，性鲁直，少有勇力，后入行伍，用兵多智谋，战辄先登，积功至京营游击，京营将多勋戚中官子弟，见遇吉质鲁，意轻之，遇吉曰："公等皆纨弟子，岂足当大敌！何不于无事时练胆勇，为异日用，而徒糜廪禄为！"同辈咸目笑之。周遇吉先后跟从张凤翼、孙应元、杨嗣昌等人与农民军转战于河南、湖广等地，因为屡次获胜、将张献忠逐入四川、保护献陵等战绩加封为太子少保、左都督。

宁武关之所以得到固守，除周遇吉率部顽强抵抗外，宁武关的险要

地形也是非常重要的因素。宁武关东西两侧是吕梁山脉，两山夹侧形成一个异常险要的陉口，自古以来就是南北交通咽喉和战略要冲，明军倚仗坚固的工事及宁武关居高临下的有利地形易守难攻。

战后，李自成检前后死将士7万余人，对前进十分担忧说："宁武虽破，死伤过多，自此达京师，大同、宣府、居庸关重兵数十万尽如宁武，吾辈岂有孑遗哉，不如还陕图后举。"

事情的转机在攻下宁武后，三月一日深夜，大同总兵姜瓖降表到，李自成甚喜，厚款之，刚坐定，宣城总兵王承允降表亦到，且以百骑来迎。李自成进大同后欲将姜瓖处死，经闯将张天林劝阻而释放。至此农民军已顺利打通了攻打京城的道路。

三月十五日农民军抵达居庸关，监军太监杜之秩，及前来勤王的总兵唐通不战而降，巡抚何谦及总兵马岱临阵脱逃。十七日农民军东抵高碑店，西达西直门外，炮轰城墙。中午农民军攻打平则门、彰义门、西直门，三大门守军都是老弱残兵和太监，毫无战斗力，一触即溃。十八日崇祯设法与农民军谈判，没能达成协议，李自成下令总攻，太监曹化淳首先打开彰义门投降，同时德胜门、平则门也随即打开，外城全在农民军掌控中。至夜，各门俱开，崇祯带心腹太监王承恩上煤山瞭望，见全城烽火连天，确信内城也已攻破，即返回乾清宫布置应急事宜，再次上煤山自缢。

农民军进京城有多少人，根据李天根《爝火录》卷一记载，"贼破京城，兵不满2万，而孩子居其半，京师自守不固，非贼之能攻也。合料贼众并唐通、白广恩、陈永福之兵不过五六万耳"，说明原有的50万大军经山西一路作战损失很大，进京人数不多。

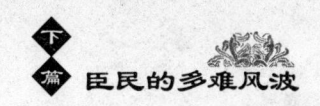

在冷兵器作战时代，士兵相互对杀，双方伤亡率都很大，限于当时医疗条件，伤兵治愈率也很低。李自成率军50万自西安出发，攻太原时，巡抚蔡懋德等以五千人困守二昼夜，全部战死，农民军死亡至少也应在五千人以上，在代州和宁武关与周遇吉作战，农民军战死近10万人，通常受伤者应比战死的士兵更多，《罪惟录》有记"后贼陷京师，多有手足创者，皆经战宁武者也"。《小腆纪年》中也有记载："进入京师，有半面失手足者，皆宁武所砍伤。"进军京师后还有其他零星的战斗，减员至少有半数以上，加上进入京城后的各种因素，非战斗减员亦不在少数。

至于李自成最终集中多少战斗力，参加一片石大战，查继佐的《罪惟录》卷三十一说李自成率兵六万，陈济生的《再生传略（下）、燕都日记》说率兵5万，唯《明史》流贼列传率兵20万，应该是明史估算多了一些，如确有20万兵，即使吴三桂有关宁铁骑，又向多尔衮借兵10万，也不致如此轻易战败。由此统计李自成最后能集中有战斗力的士兵，大约也就是五六万人，因而战败返回北京，不可能再组织兵力作战，只得做出回师陕西的决定。

二十六日李自返回北京，为报复吴三桂，杀吴襄全家三十余口。二十九日在武英殿称帝，当晚退出北京。多尔衮命吴三桂不得入京城，继续追击李自成军，五月初二日在定州清水河（今河北省定州市）吴三桂追上李自成，农民军再次大败，吴三桂夺取农民军带出的金银赏给诸将士。五月初三日多尔衮率清军入了京城，从此中国换了朝代。李自成退回西安后再撤离，最终兵败身死。对于李自成的死说法很多，在此不做讨论。

宁武关大战，是李自成农民军进京前关键的一场大战，在这一场大战中农民军损失了几乎过半的战斗力，以及因为大同、宣府及居庸关等镇的守军投降，李自成及他的农民军由此走向胜利之途，也由此走向失败之途。他彻底推翻了明王朝的统治，最终却是清兵进关，建立二百多年的清王朝，对我国历史的影响极为重要。至今在宁武县城还有三处周遇吉的遗址，多少年来，历史的沧桑，留给后人多少遐想。

李自成归隐甘肃青城之谜

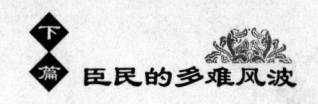

闯王李自成兵败后的下落至今还是一桩历史悬案。

虽然"湖北通山县九宫山被地主武装杀害"一说是主流观点,但据记载,不论是清军追击李自成的主帅,还是对李自成恨之入骨的南明王朝,当时都没有确认李自成的真正下落,可以说是生不见人,死不见尸。三百多年来,围绕着李自成的下落,便一直存在着各种说法,众说纷纭,迷雾重重。

其中一种说法认为,李自成兵败后,在叔父李斌和堂兄弟李自盛的掩护下,隐居在甘肃省榆中县青城镇,死后埋在了青城镇黄河边的龙头堡子;一本《李氏家谱》,不但其中有"可怜侄子李自成"的记载,而且披露了一个前所未闻的历史秘闻——在云南被穷追之际,李自成一席话打动了吴三桂,于是吴三桂放过了李自成。

距兰州90公里的黄河边,就是千年古镇青城镇,素以水烟闻名遐迩。大隐隐于市,就是这种商贾云集、贸易繁盛和水陆交通便利之处,才利于隐蔽和逃跑,才使得李自成把自己的退路安排到了这里。

一位70岁的退休测绘技师罗士文揭开了这一历史之谜。

据罗士文老人介绍,在他10岁时,有一次跟着大爷去镇子背后的红

岘沟里驮石板，在山沟深处一个叫西年口子的地方，大爷告诉他此处的一个山洞是李自成来青城后的避难洞。大爷说，李自成失败后化装成和尚来青城投靠其尕爹（叔父）李斌，李斌为了李自成不被人发现，不敢让他待在青城街，叫自己的儿子李自盛把李自成带到西年口子荒无人烟的深山沟内避祸。

直到退休后，罗士文老人才开始研究李自成来青城避难这一段民间历史。他有意识地向本镇各村李氏家族的后人们了解有关李自成在青城避难的各种传说，进一步他又提出希望阅览李家那本秘不示人的家谱。家谱是一个家族历史的集结，其记载往往原始、真实、可靠，青城镇的李氏家族与李自成的关系以及李自成是否真的归隐青城，在家谱中应该会有所流露。

最后，他终于看到了那本神秘的《李氏家谱》，其中果然透露出不少有关李自成的信息。

关于李自成与李氏家族的关系，《李氏家谱》中写道：大始祖为李建岂，生三子，长子李安，移于钱州（陕西乾州），后不知下落；次子李正，为大明甲辰科举人，官至御史，移于湖广后没有联系；三子李斌（就是家谱作者），移于甘肃兰州府皋兰县一条城洛家庄子居家落业（青城也叫一条城或条城，原属皋兰，后划榆中）。二始祖为李建和，生子李虹，李虹生子曰自成，居赵家村，"因他闯乱国事，合家各移逃性命，与大明江山亡矣"。

《李氏家谱》在序言中还以诗句的方式对李自成的起义进行了辩解："李斌提笔集祯祥，祖德厚重在朝刚（纲），家兄李正为御史，谁想半世失荣昌。不知祖父无厚德，还是大明气数亡，大明江山十七世，至因崇

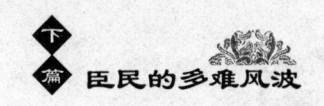

祯丧天榜。非我侄子闯国乱，魅星降在他身上，布衣起兵是天降，魅星下凡接（结）成党，先损黎民国主亡。大明大业二百七，零有七年立罕王。大清一统国又兴，吴三贵（桂）苦用心。可怜侄子李自成，非是恶心害家庭，也非官贵害黎民，此是天命到如今。"

依《李氏家谱》记载，家谱作者李斌和李自成是叔侄关系。李自成起事后，担心九族被株连，避过朝廷的耳目，秘密安排叔父李斌带三个儿子自盛、自文、自兴，移居兰州府皋兰县水北门口袋巷子。李自成兵败后，李斌父子又转移到榆中县青城镇。

青城是李自成避难之所吗？

据青城的一些老人们讲，大约在顺治五年到顺治六年，曾有三个和尚来到青城找过李斌，住了不长时间就消失了。

按照李氏家族世代相传的说法，这三个和尚其中一个是李自成，另两人是随从。因当时清王朝势力已达青城，为安全起见，装扮成和尚。

八旬老人李桂彬说得比较详细："李斌是李自成的尕爹，李斌和儿子先来的青城，李自成在失了江山以后，没有地方去，所以来青城找他的尕爹，李自盛就把李自成送到红岘沟西年口子避难。所以当时流传着这么一段儿歌：'李大爷（李自盛），没胆子，领了三个和尚，到西年口子戳了个水眼子（挖泉）。'"

红岘沟荒凉又偏僻，沟两面都是几乎寸草不生的秃山，里边所谓的路就是乱石河道。在距青城镇 15 里处有一个岔沟，西年口子就在岔沟口，现在是一个只有几户人家的小村庄。村子背后的山崖上有几个天然石洞，据说最大的那个就是李自成藏身处，约有 12 平方米。在洞里居高临下，可以把下面一切动静都尽收眼中，能藏又能逃。

李桂彬老人还说，顺治十一年，李斌去世后，时局已经稳定下来，李自盛想到不能叫李自成在山洞中长期住下去，就在附近魏家台子买下一些地，盖了三合院的房屋，让李自成搬来住，并改名为李家庄子，并且把第六孙李玉美过继给李自成，照顾其晚年生活。魏家台子比西年口子更深更偏僻，也就更安全。

遗憾的是，《李氏家谱》中并没有明确记载这些传说。对此，家谱保管者李文生的解释是："家谱里不可能记载李自成到青城，如果记载了被人发现就可能会惹来杀身灭族之祸。"

不过，《李氏家谱》中记载的另外一些事，却似乎暗含着李自成的某些信息。

顺治三年十月间，有青城镇商人钱得中将李自盛、李自文带到家中居住数月。

顺治四年二月间，李自文奔钱州，"此地有从兄自成积下金银铜钱四库，望切此事"。

李自文奔钱州后，李斌、李自盛父子请钱得中置买青城洛家庄前后坐宅四院，又买水地一亩三分作为菜园，卖价纹银843两，即日银契两交无欠。

罗士文老人分析，顺治三年十月，在李自成已兵败而销声匿迹之时，李斌父子不仅再次转移，而且在一个非亲非故的青城镇商人钱得中家里居住数月，接着又让次子自文奔钱州李自成所积金银铜钱而去，行迹十分可疑。钱得中何许人也？李斌又如何得知钱州金银的信息？这证明李自成和李斌、李自盛父子可能一直暗中有通信，钱得中很可能就是李自成早就安排好的接应者。而且，"望切此事"四字，很像是李自成告知

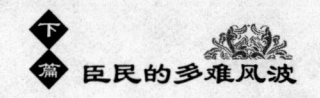

金银铜钱信息时的叮咛之语。

恰恰在李自文奔钱州之后，李斌父子花 843 两纹银大肆购置房产，而且是"即日银契两交无欠"，好像突然发了大财。当时四下里仍是兵荒马乱，李斌一家能有几口人，为什么要在此时花这么多银子购置这么多房产呢？如果是李自成要来青城，这是在做前期准备，一切就能说得通了。

罗士文老人认为：李斌父子逃到甘肃榆中就是李自成预先安排的，钱得中也是李自成的人。"狡兔三窟"，李自成预先给自己营造了这样一个"窟"。当大势已去时，他便丢下队伍，只带两名亲信保镖，长途跋涉，躲到预先营造好的"窟"里。

吴三桂放了李自成？

《李氏家谱》中最惊人的记载是吴三桂放过李自成的一段情——"且说吴三贵（桂）将自成追赶到云南口子，罗共山下，自成单人独马，急时无力，三贵（桂）也如此。自成曰：'仁兄速回京地，九龙正位无臣无主，大业在你，杀死愚弟何以足乎。'将话言讫，三贵（桂）俱礼勒马，急回，不知下事如何。"

除了这本《李氏家谱》，所有的史料里都找不到这样惊人的内容。严谨修谱的李斌为什么会有这样的记载？此内容出处何在？似乎只能解释成是李自成来到青城后亲口叙说的。

李自成埋在苇茨湾？

根据李氏族人介绍，大约在康熙二十六年，李自成与两个随从同一天死去，很可能是李自成死后两个随从自杀殉主。

李氏家族的人将他们葬在苇茨湾龙头堡子下方，三个墓呈"品"字

形分布。

八旬老人李俊孝说:"我10岁左右跟我爷上坟,最后到苇茨湾龙头堡子去上坟,有三个坟。我问爷爷这三个坟是谁的?爷爷说:'上面的是先人坟,下面的两个坟是先人的跟班。'我问先人叫什么名字,爷爷说:'你只要知道是先人就对了,不要多问。'"

八旬老人李作圣说:"苇茨湾龙头堡子有三个坟,老人们说这里埋的是我们的皇上先人,也就是李自成。皇上先人来青城不能带很多东西,只有随身所带的三件宝:一个玉印,一把宝剑,还有一个和尚化缘的钵。为了不牵连后人,他死后三件宝物都随棺而葬了。"

李家人念念不忘李自成是真龙天子,所以当年选坟址时用心良苦——龙头堡子的形状恰似龙头吸水。

据史料记载,崇祯二年,李自成正是在榆中(金县)起事。如果他兵败后又归隐于榆中,死于榆中,葬于榆中,倒也是一个叶落归根的轮回。

青城之谜何时能解?

"闯王李自成归隐榆中青城"的说法,引起了甘肃各界的极大兴趣。有人急切要求以考古手段挖掘坟墓,认为只要能在墓中找到哪怕是一件传说中的随葬品,就可以使李自成的归宿之谜大白于天下。但更多的专家则认为,开挖时机尚不成熟,李自成是青城镇李氏家族的祖先,要开挖必须获得李氏家族的同意,而李氏家族能否同意还很难说。

历史之谜让人困惑,但探访之,也给人趣味无穷。

李自成议和之谜

说到明末，那么崇祯皇帝是肯定不得不提的一个人，崇祯在位17年，得到的评语当中虽有刻薄这样的词语，但大体上算是一个勤勉的皇帝，只是生不逢时罢了。

崇祯十七年时，李自成兵临城下，城破在即的时候，李自成突然发出求和的邀请。据《小腆纪年附考》载，李自成提出的条件为："闯人马强众，议割西北一带分国王并犒赏军百万，退守河南……闯既受封，愿为朝廷内遏群寇，尤能以劲兵助剿辽藩。但不奉诏与觐耳。"要知道所有的史书中都记载，三月十八外城破，而三月十九崇祯已经自缢在景山了，其中只有一两天的时间。

史书记载，三月十七日李自成大军早经攻破昌平，大军从卢沟桥过，大攻平则门、彰义门（现在北京的阜成门、广安门，当然了，北京城墙早就让伟大的天朝给拆了），城外的三大营还没开打就已经溃散，留下一大堆的战争物资，例如大炮等，李自成部队当时属于锐不可当的阶段。而北京城内呢？我们来看看当时的襄城伯李国桢是如何说的："守城军不用命矣，鞭一人起，一人复卧如故，奈何皇上？"当然，这可能与当时京城大疫有关，但更重要的是这批部队已经很久很久没有拿到饷银，更

别提粮食了。崇祯临死的时候收刮中外内帑共计20万两,但银子还没有发完,十八日的时候彰义门就在太监曹化淳的带领下打开了。

在这种情况下,崇祯为什么不答应和议?而李自成为什么在狂飙猛进的时候突然提出和议呢?

我们先来看看李自成一方,虽然当时部队兵强马壮,看起来指哪儿打哪儿,但是史书依然给我们留下了许多蛛丝马迹。史载"比贼陷京城,多有半面与失手足者,皆宁武所砍伤"。宁武一战可谓是明末对农民军战斗最激烈的一场,当时代州守关总兵周遇吉凭城固守,双方大战十余日,遇吉因兵少食尽,退守宁武关。周遇吉继续悉力拒守,最后火药用尽,开门力战而死,全身矢集如猬毛,夫人刘氏率妇女20余人登屋而射,全被烧死。三月初一日李自成克宁武关,前后死将士7万余人,伤亡惨重。

由此可见,李自成其实也已经打怕了,当时如果不是边上的大同总兵姜瓖突然投降,李自成部队已经商量"不若且回陕休息,另走他途"?李自成不愿意攻北京城有一点是因为宁武一个小地方就让他损兵折将将近7万人,面对北京这样的深濠大城,李自成并没有把握攻下来。

李自成在明朝太监和其他内应的配合下几乎兵不血刃地进入了北京城后,见到崇祯遗体时突然冒出来一句让人匪夷所思的话:"我来与汝共享江山,如何寻此短见?"这话有两层含义,第一层是惺惺作态,另外一层也表示李自成其实不愿意背上弑君的骂名。当过明朝驿卒的李自成,并不想被人说做出了"弑君"的事情。毕竟在封建时代,天子在百姓的心目中,还是上天的代表,多多少少还是有所畏惧的,李自成当然也不例外。这其实就跟《水浒传》中的宋江,一直想被招安是一样的道理。

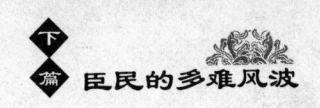

接下来我们猜一猜崇祯想些什么？为什么在这种情况下不愿意与李自成和谈？一般人在当时的状况下当然会接受李自成的条件。但是崇祯作为一个皇帝，接受议和这样的话并不适合自己说出来，尤其是他自诩是一个明君，怎么可能选择割地赔款呢？

到了明末，皇权开始衰落，表面上皇帝有人事权、处罚权，但是行政权却在内阁和六部。一旦皇上的意思遭到内阁一致反对，政令就出不了紫禁城。皇帝要想让自己的政令得以施行必须得在朝中拉人，崇祯朝拉的就是温体仁、杨嗣昌、陈新甲等人。常见情况是，某大臣在廷议时自己说出崇祯帝的心意，然后遭到多数朝臣的抨击，接着崇祯站出来力挺拍板！如果朝臣中无人出头，崇祯帝直接下旨的话，就会被反对的大臣们据理力争一番，除了彰显这些人的操守道德和胆略外只能弄得自己灰头土脸。

之前崇祯就想让属下、当时的内阁首辅魏德藻来背黑锅，但是这个首辅也有自己的小算盘，李闯进京后他可是第一批带头劝进的贰臣。他根本不会为崇祯和明朝认真打算，更别说背黑锅了。怕背黑锅也是许多大臣不敢站出来的原因之一，因为明廷确有喜欢秋后算账的毛病。

此外，京城的沦陷偶然性很大。当时各路勤王的部队都已经陆续赶往北京，而且当时勤王的部队都认为京城是可以撑一撑的，里边最典型的就是吴三桂。在所有有关吴三桂的史料当中都会说到这么一句：三月初旬，始出关，徙宁远五十万众，日行数十里。十六日入关，二十日入丰润（今天唐山地区），京城陷矣。也就是说，吴三桂一开始根本不相信北京城能够在两三天内就被攻破，毕竟此前无论是女真人清还是跟瓦剌，北京城不是经历了一次两次的战斗，再不济也能撑几天吧，到时候勤王部队一到，就能解围了。

　　还有一个因素要考虑，就是崇祯熟读史书，尤其是他刚领国的时候扑杀魏忠贤集团手段老辣，想必与他读书还是有关的。他应该会想到这样的城下之盟后果难料，可能他在那时候想起来宋钦宗、宋徽宗北狩的故事，也担心自己会重蹈覆辙，外加对城防还有信心，所以不愿意议和吧。

兔死狗烹：多变之秋的千古冤狱

明朝的确是中国历史上一个重要的时代，它有很多独特的制度让后人费解。对大臣当众廷杖无疑是对儒士人格的极大侮辱，但在明代却是屡见不鲜。而那些曾经功成名就的大臣们，他们究竟是含冤而死，还是咎由自取呢？只能留给后人去评说。

胡蓝狱案之谜

洪武十三年（1380年），丞相胡惟庸以谋反罪被杀，屠灭三族，前后因此案件被株连的多达三万余人。然而这件惊天大案仅过去十多年，阴影还未散尽，又一件惊天大案发生了，战功赫赫的名将蓝玉也因谋反罪伏诛，受此案牵连被害的又有一万五千多人。两次大案，使明朝

的开国功臣几乎被诛戮一空，一时间朝中人心惶惶，众臣都有朝不保夕之感，甚至出现了每天上朝前先与家人诀别，下朝后则举家相庆又活一日的情景。胡惟庸和蓝玉真的要谋反吗？真有那么多开国功臣参与他们的谋反吗？

胡惟庸案、蓝玉案是明初影响最大的两件大案，当年随朱元璋打天下的开国功臣受这两案的牵连而惨遭屠戮的数不胜数，朝中几乎为之一空。朱元璋南征北战，最终平定天下，这与他身边有一批才智过人、英勇善战的文臣武将是分不开的。朱元璋称帝后曾经论功行赏各位开国功臣，可是一些功臣竟乘势居功自傲，其中又以李善长、胡惟庸等所谓"淮西帮"势力最为强大。有着强烈集权欲望的朱元璋对此十分放心不下，多有猜忌，恐其图谋不轨，危及朱明王朝的长治久安。胡蓝之狱成为朱元璋清算这些功臣的大好时机，无论胡惟庸、蓝玉是否真的谋反，朱元璋有意通过大规模的株连肃清隐患。通过两案，朱元璋不仅将相权和兵权牢牢掌握在自己手中，还将他心怀疑虑的开国功臣们一网打尽，可说是最大的得益者。

关于朱元璋连兴大案的原因，目前学界尚无定论。比较通行的说法主要有两种：一种观点认为，胡、蓝等人确实居功自傲，目无法纪，进而觊觎天子宝座，所以遭致杀身之祸；另外一种观点认为朱元璋为了加强中央集权，保证朱明王朝长治久安，故意找寻借口大兴狱案，以达到铲除功臣的目的。那么，真相究竟如何呢？

胡惟庸，凤阳府定远县人，早年随朱元璋起兵，颇受宠信。胡在同乡李善长的提携下，很快升至中书省参知政事，不久为中书省左丞，以后又拜右丞相，继而为左丞相，位居百官之首。胡惟庸善于阿谀奉承、

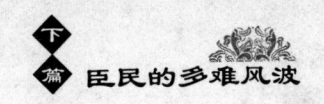

欺上瞒下，实际并无多少才干。《明史》中记载说："帝以（胡）惟庸为才，宠任之，惟庸亦自励，尝以曲谨当上意，宠遇日盛。独相数岁，生杀黜陟，或不奏径行。内外诸司上封事，必先取阅，害己者匿不以闻。四方躁进之徒，及功臣武夫失职者争走其门，馈遗金帛名马玩好，不可胜数。"胡惟庸的权势不断增大，作风也日益骄横跋扈，专断独行，引起相权与皇权的冲突日益激化。朱元璋吸取了元末"宰相专权""尾大不掉"的教训，认为到朝臣权力过大，会导致大权旁落，甚至皇权不保，心中早存"除之而后快"的想法。

以胡惟庸对朱元璋的了解，对此当然有所觉察，在暗中已开始做准备，可双方的矛盾因一个偶发的事件而激化。史载，一次，胡惟庸之子乘坐马车在街上狂奔，意外坠落于车下，不幸摔死，胡惟庸因而怒杀驾车的奴仆。朱元璋趁机怒责胡惟庸，命其偿命。在封建社会，朝廷要臣杀死家中一个奴仆，并不是大不了的事情，因此胡惟庸先是表示愿意用金帛赔偿奴仆家属，但皇帝不允，坚持要求偿命。胡惟庸知道皇帝真的想对他下手了，与其被动等皇帝来宰杀，不如先下手为强，于是铤而走险，计划谋反。但事发之前，其同党涂节见无成功的希望，向朱元璋告发了此事，朱元璋大怒，洪武十三年，以"擅权植党""枉法诬贤""蠹害政治"等罪名，将胡惟庸处死。

胡惟庸死后，此案并没有随之结束，反而愈演愈烈，其罪名逐步升级。胡惟庸被杀10年之后，罪状又升级为"通倭通虏"的"谋反"罪，说他勾结明朝的死敌蒙古和日本，这可是罪大恶极、十恶不赦的大罪名。这个案子牵涉到许多朝廷重臣，就连已经告老还乡的第一任左丞相李善长也被牵连。家中恶奴告发，说看到李善长和胡惟庸在一起密谈，虽说

具体的谈话内容不清楚，只见胡惟庸说话，李善长点头，表示赞同，可见是胡的同党。于是这位在朱元璋打天下时一直跟随身边、为其出谋划策，被朱元璋赞为"萧何"的李善长在近八十高龄时也难逃劫难，被赐死。除朱元璋的亲生女儿临安公主的丈夫（李善长的长子李祺）及他们的两个儿子外，李氏一家男女老少七十余口被满门抄斩。

朱元璋还特地颁布了《昭示奸党录》，以进一步加大打击力度。凡是他心存疑虑的大臣都被加上"胡党"的罪名，被处死抄家。据记载，胡惟庸案"株连蔓引，迄数年未靖""连及坐诛者三万余人"。趁着胡惟庸案，朱元璋罢丞相，革中书省，并严格规定后嗣不得再立丞相;臣下敢有奏请说立者，处以重刑。丞相废除后，其事由六部分理，直接归皇帝统领，皇帝拥有至高无上的权力。秦汉以来实行了一千多年的宰相制度至此被废除，中央集权得到进一步加强。

胡惟庸到底有无谋反之心，史家争议不断。明朝史学家郑晓、王世贞等皆持否定态度，认为朱元璋主要是借胡案来肃清开国功臣，因"胡党"罪名而受株连致死或已死而追夺爵位的开国功臣有李善长、南雄侯赵庸、荥阳侯郑遇春、永嘉侯朱亮祖等一公、二十一侯。而且，朱元璋对告发胡惟庸谋反的御史中丞涂节不仅不封赏，而且在诛杀胡惟庸后不久就将其处死，理由竟然是涂节告发太迟，确有杀人灭口之嫌。

胡惟庸案才稍稍平息，朱元璋又兴蓝玉大案，让那些幸免于难的功臣们又开始提心吊胆。洪武二十五年（1392年），38岁的皇太子朱标一病身亡，白发人送黑发人，这给了已进入花甲之年的朱元璋当头一击。他在反复斟酌之后，选定了年仅16岁的皇太孙朱允炆作为接班人。朱元璋觉得皇太孙势单力孤，担心自己一手建立的大明王朝会落入他人之手，便下决心再进行一次大清洗，把剩余功臣宿将收拾殆尽，他首先对大将蓝玉下刀。

蓝玉是开平王常遇春的妻弟，英勇善战，数次统兵出征，立有大功，因而而得以重用，洪武二十年升为大将军。朱元璋将蓝玉喻为大破匈奴的汉代名将卫青和唐代名将李靖，并封他为凉国公。蓝玉因此日益骄傲起来，侵占民田，鞭打来执行公务的御史，广蓄庄奴，仗势欺人。看到朱元璋在京城内大开杀戒，骄横的蓝玉心中也感到非常惧怕。他说："本朝官员，哪个有始终？"果不其然，灾难终于降临到了他自己的头上。

洪武二十六年，锦衣卫指挥蒋献举报蓝玉"谋反"。在严刑拷打之下，蓝玉被逼承认与景川侯曹震、鹤庆侯张翼、吏部尚书詹徽等人，企图趁朱元璋出宫举行"藉田"仪式时，发动兵变，结果蓝玉等人被处以极刑。蓝玉案持续了两个多月，连坐被族诛的人达一万五千人，其中不少是军中勇猛刚强之将。为了避免引起群臣激愤，使屠杀名正言顺，朱元璋特地下手诏，颁布了《逆臣录》，向天下诏告叛逆之臣的罪名。后人认为，从保留下来的《逆臣录》可以看出蓝玉谋反的罪名是被捏造出来的。陈四益曾在《罗织的证据》一文中指出，一个名叫蒋富的招认，说蓝玉出征回来，请他吃酒，在酒席间，蓝玉对他透露要"谋大事"的计划，而据考证，这个姓蒋的只不过是蓝玉家一个打渔网户。另有一名叫张仁孙的供称蓝玉曾对他们说要"成大事"，要求张仁孙等各置军器，听候接应，如日后事成时都与大官做，这个张仁孙其实只是乡里一个染匠。据常理推断，蓝玉果真想谋逆，自然应当十分谨慎，怎么会这些无足轻重的人说这么机密的事情！这些口供漏洞百出，《逆臣录》的可信度也就可想而知了。因此不少人认为蓝玉案中的《逆臣录》和胡惟庸案中的

《昭示奸党录》一样，不过是朱元璋大开杀戒、滥杀无辜的遮羞布而已。

无论是功臣持功自傲，意图谋反，抑或是朱洪武有意削夺将相之权，这种历时如此之长、株连人数如此之巨的大案在历史上实为罕见。胡蓝之狱后，朱元璋对身边的人仍不放心，又将疑有后患的耆旧老臣处死。到朱元璋死时，明初的元老宿将几乎被屠杀殆尽，朝廷因此元气大伤，以至于燕王朱棣起兵时，建文帝不得不面对朝中无可用之臣的窘境。朱元璋为自己的皇太孙扫清了称帝的隐患，也间接将建文帝送上了不归路。

袁崇焕含冤而死

袁崇焕是明朝后期最著名的抗清英雄。他曾一度帮助明廷收复辽东部分失地，战功卓著，因此受到时人的广泛称颂。但袁崇焕收复辽东的宏图尚未开始就夭折了，最终含冤而死，成为继南宋将领岳飞含冤受害之后的又一桩著名冤案。但二者相比较来说，袁崇焕的冤屈更大。岳飞的冤死得到了南宋民众的同情，而袁崇焕的死，不仅未能得到民众的理解，反而在其被凌迟处死时，身背汉奸之名，时人纷纷争食其肉。那么袁崇焕究竟是含冤而死，还是咎由自取呢？

天启元年（1621年），熊廷弼被任命为辽东经略驻守山海关。年底，努尔哈赤在广宁一役中，利用熊廷弼与广西巡抚王化贞之间的矛盾，大破13万明军，攻陷广宁及40余城，明朝的形势变得岌岌可危。听到广宁惨败的消息，朝廷里弥漫着一片惊惶失措的情绪，是战是守，举棋不定，多数大臣主张放弃关外国土。在此危急关头，正在北京参加朝拜之礼的袁崇焕挺身而出，"即单骑出阅关内外"，了解关外的真实情况，对地形做了一番详细的侦察后，回来说："予我军马钱谷，我一人足守此。"受命于败军之际，袁崇焕就是在这种情况下，开始了督军关外的戎马生涯。他本为文官，完全可以不理这些军事问题，很多人也劝他不要去趟这浑水，他甚至预感到自己可能会有与熊廷弼相似甚至更悲惨的个人命运，但天下兴

亡，匹夫有责，他就这样以天下安危为己任地去了抗清前线。在前线，他表现出杰出的作战指挥能力，他以孤军独守宁远（兴城）、锦州防线，并于天启六年、七年两次重创清军的进犯，炮伤努尔哈赤，致其不久而死，创造了明清近半世纪的辽东之争中罕有的明军以少胜多的战例。

袁崇焕的威望因战功很快建立就起来。崇祯继位后，拜他为兵部尚书，督师蓟辽，随之袁崇焕向崇祯帝提出了"五年全辽可复"的军事目标。鉴于过去熊廷弼的冤死以及孙承宗和自己被魏忠贤党羽排斥打击的遭遇，他向崇祯诉说了自己可能遭到奸臣陷害打击和敌人离间阴谋的顾虑。为固其心志，崇祯赐予他尚方剑，允许他在重大问题上可做主处理。有了皇帝的支持，袁崇焕做事的底气就更足了，他对内整肃纪律，消除隐患，为了便于统一指挥，他果断地处决了被认为是魏忠贤党羽的皮岛总兵毛文龙;另一方面加紧练兵防敌，整饬蓟辽军务，修城备战。在他努力之下，防区防线牢不可破。但袁军的防区只是与后金接壤的一个地方而已，其他地方的守军则未必如袁军一样坚不可摧。很快，皇太极便于喜峰口窜入长城，攻陷遵化。袁崇焕于是急驰救援，从后路包抄八旗军，切断其退路。皇太极则一路狂杀，顺势进攻北京。袁崇焕得知消息后催马加鞭，两天两夜急行军300多公里，竟比后金军提前两天赶到北京！但是此时崇祯犯了疑心病，不让其部队进城，只能驻扎在广渠门外。当皇太极到达之后，对袁军行动之迅速也大为吃惊。双方之间发生了多次较量，袁崇焕以不足一万的兵力迎战后金十万大军，最后击退后金兵，取得保卫京师之战的胜利。

在北京城下遭受重创后，皇太极对袁崇焕又忌又恨，他深知袁崇焕是自己进军中原宏愿的最大阻碍，于是他利用崇祯皇帝生性多疑而又刚愎自用的性格特点，重施反间计，借助崇祯之手除掉了袁崇焕。他让人散布袁崇焕引兵深入，其实是为了和后金结城下之盟的谣言，崇祯对此开始起了疑心。这时皇太极又使出了极其恶毒的一招，据蒋良骥《东华录》记载："先是（后金）获明太监二人，监守之。至是副将高鸿中、参将鲍承先遵赏密计，坐近二太监，故作耳语云：'今日撤兵，计也，顷上车骑向敌，有二人来见，语良久乃去，意袁巡抚有密约，事可立就。'时杨太监者，详卧窃听。庚戌，纵之归。"杨太监逃回宫里，将袁崇焕与后金"密约"一事告与崇祯皇帝，崇祯深信不疑，以擅杀大将、勾引敌方来胁迫朝廷求和、谋叛欺君的罪名，将袁崇焕凌迟处死。

袁崇焕的悲惨遭遇并没有博得满朝权贵的同情，他们嫉妒袁崇焕的功高盖世。相反，"凌迟袁贼"的呼声从平民百姓喊到朝廷百官，直至响彻云端。最终，袁崇焕被凌迟，观看行刑的百姓纷纷还掏出钱递给刽子手，然后争着将一片片凌迟的肉生啖。他那血肉模糊的头颅，被悬挂在高杆上示众。袁被害后暴尸荒野，乡人因为害怕惹祸上身，都不敢过问。直到后来一位姓佘的部下冒死把他的头颅盗了出来，掩埋于自家后院，从此与家人隐姓埋名整整155年，世代为袁崇焕守灵。直到清乾隆皇帝偶尔读到明史，感于其冤，决定为其平反，袁崇焕冤案才最终得以平反昭雪，真相大白于天下。乾隆四十九年（1784年），乾隆下诏为袁崇焕平反。《清高宗实录》载："袁崇焕督师蓟辽，虽与我朝为难，但尚能忠于所事，彼时主暗政昏，不能罄其忱悃，以致身罹重辟，深可悯恻。"自此，袁崇焕的冤屈才得以昭雪。金庸先生在《碧血剑》后所附的《袁崇焕评传》中，认为袁崇焕是一个古希腊式的悲剧英雄，大才豪气，笼盖当世，于乱世中力挽狂澜，支大厦于将倾之时。他的冤屈既然早已昭雪，功过自己分明，后人就无须多争论了。

王大臣毒害深谋之谜

万历元年（1573年）正月十九日清晨，年仅十岁的万历帝如往常一样正要上朝，轿子刚出乾清门，就有一名太监打扮的男子飞奔而来，见势不妙的侍卫蜂拥而上将来人擒获，竟然从他身上搜出刀、剑各一把。该人自称王大臣，常州府武进县人，其余一概不说。惊怒交加的小皇帝下令东厂"仔细研究主逆勾引之人"，一场风波就此掀起。王大臣究竟是什么人？他的幕后主使又是谁呢？

《病榻遗言》是顾命大臣、内阁首辅高拱的回忆录，其中有一节为"毒害深谋"，讲的便是司礼监掌印太监冯保与内阁大学士张居正以王大臣案阴谋陷害自己的事情。冯保和张居正与高拱之间有什么恩怨呢？他们为什么要陷害高拱呢？事情还要从隆庆末年的一场权力之争说起。

高拱是河南新郑人，字肃卿。嘉靖二十年（1541年）进士，嘉靖三十一年（1552年）成为裕王（即后来的明穆宗）的讲官。嘉靖四十五年（1566年），高拱以礼部尚书兼文渊阁大学士职进入内阁。明穆宗隆庆元年（1567年），与首辅徐阶关系不睦的高拱"乞休"回乡，离开了内阁。隆庆三年（1569年），高拱以武英殿大学士第二次进入内阁。隆庆五年（1571年）五月，60岁的高拱出任内阁首辅。隆庆六年（1572年），穆

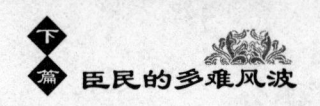

宗逝世，遗命内阁辅臣高拱、张居正、高仪与司礼监掌印太监冯保均为顾命大臣，共同辅佐年幼的继位的朱翊钧。

高拱一向以精明强干自诩，颇想有所作为，而当时司礼监太监冯保权威甚重，公然干预朝政，高拱自然不甘自己大权旁落，多次向小皇帝表示要遏制司礼监太监的权力，扩大内阁的权力，高拱与冯保之间矛盾日趋尖锐。高拱起草了《陈五事疏》来削夺冯保的权力，为了加重这一奏疏的分量，高拱便将此事告诉了阁臣张居正和高仪，准备以阁臣联名的方式提交皇帝。张居正一口答应联名上奏，还笑着对高拱说：除掉冯保，就像除掉一只死老鼠一样容易。

六月初十，满心欢喜的高拱便将《陈五事疏》送交皇帝，要求皇帝严惩太监干预朝政，削夺司礼监太监的权力，并将权力集中到内阁。可他哪里知道，张居正一转身，就将他的行动告诉了冯保。原来张居正早就看中内阁首辅的职位，为了能取高拱而代之，暗地里已经与冯保结成同盟，就等机会来临了。

为制造倒冯的声势，高拱送上奏疏以后，还让自己的门生故吏上疏弹劾冯保，以迫使冯保下台。工科给事中程文等的一批言官纷纷上疏，联名弹劾冯保，指责冯保有"四逆六罪""三大奸"，甚至攻击冯保对穆宗的死负有责任，要求严惩冯保，一时间，倒冯形势一片大好。

六月十六日，宫中传话："有旨，召内阁、五府、六部众皆至！"高拱还以为是小皇帝要下旨处分冯保，颇为兴奋。文武百官齐集后，太监捧着圣旨出来，高声喊道："张老先生接旨。"只听太监一字一句地宣读圣旨："皇后懿旨、皇贵妃令旨、皇帝圣旨：说与内阁、五府、六部等衙门官员，大行皇帝宾天先一日，召内阁三臣在御榻前，同我母子三人

亲受遗嘱。说：'东宫年小，要你们辅佐。'今有大学士高拱，专权擅政，把朝廷威福都强夺自专，通不许皇帝主管。不知他要何为？我母子三人惊惧不宁。高拱着回籍闲住，不许停留。你每（你们）大臣受国家厚恩，当思竭忠报主，如何只阿附权臣，蔑视幼主！姑且不究。今后都要洗心涤虑，用心办事。如再有这等的，处以典刑！钦此。"形势急转直下，史载高拱听完圣旨后"面色如死灰，汗陡下如雨，伏地不能起"，最后在别人搀扶下才勉强走出皇宫。

事情为什么会这样呢？这是冯保与张居正共同策划的结果，而高拱最致命的罪证便是他在内阁中随口说的一句话："十岁天子如何治天下？"正是因为这句话，冯保攻击高拱不将小皇帝放在眼里，心怀不轨，激怒了皇后与皇贵妃，才出现了这道由皇后、皇贵妃和皇帝联署的圣旨。高拱以他的政治经验很快就意识到自己是被张居正出卖了，双方从此结下仇怨。

冯保与张居正虽然赢得了这一回合的胜利，迫使高拱回乡闲住。但考虑到高拱屡经这类情况，他们对高拱依然怀有戒心，担心他日后会东山再起。王大臣案的出现，使冯张看到了彻底铲除高拱的机会，于是一幕闹剧就此上演。

王大臣被送至东厂后，又声称自己本名不叫王大臣，而叫章龙，来自戚继光处。张居正随即票拟谕旨："着冯保鞫问，追究主使之人。"冯保来到东厂单独提审王大臣，对王大臣说："汝只说是高阁老使汝来刺朝廷，我当与汝官做，永享富贵。"还让心腹辛儒与王大臣共处一室，教他指控高拱的口供。一切安排停当，冯保便公开审讯王大臣，由王大臣供称是高拱的家仆李宝、高本、高来跟他同谋行刺皇帝，冯保立即派东厂校尉到高府抓人。

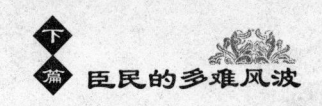

消息传开，朝中哗然，吏部尚书杨溥、都察院左都御史葛守礼等大臣纷纷向张居正施压，要求他制止这种无中生有的陷害行为。其实，冯保借王大臣案陷害高拱，张居正也参与其中，但他看到朝中大臣反应如此激烈，加之高拱确已年老体弱，对自己形成威胁的可能性不大，于是同意从中调停挽回，最终由德高望重的锦衣卫左都督朱希孝与冯保一起会审王大臣。

因知道高拱是被冤枉的，朱希孝有意为他开脱。但会审开始后，王大臣忽然翻供，竟然指认冯保为主使之人，并称原先指认高拱都是冯保所教。朱希孝见开脱高拱的目的已经达到，也不想深究，就草草结束了会审。冯保怕陷害高拱的事情败露，害人不成反害己，就将王大臣杀了。疑犯死了，这个案子自然也就不了了之。

王大臣案结了，但其中的疑点依然很多。他是什么人？他背后的主使者是谁？他如何能够假扮太监混入戒备禁严的皇宫？王大臣死了，这些秘密也成为了永远的迷。

明初文字狱的冤案

所谓文字狱，就是文人们在写文章时，不慎触犯了统治者的忌讳，并因此受到了残酷惩罚的案件。明初朱元璋统治时期出现的文字狱之灾，从其残酷程度来说，并不下于后来清朝康乾时期的文字狱，而这些文字狱的起因和过程却并不为大多数人所熟知。那么，明初为什么会兴起文字狱呢？

明初文字狱始于洪武十七年，一直延续到洪武二十九年，前后长达13年之久。洪武时期，直接因文字而起的重大案例，不下20余件，因为文字狱遭到冤杀和株连的人更是不计其数。

说到明初文字狱形成的原因，就要考虑提到朱元璋的出身，许多学者认为这是他大兴文字狱的心理根源。朱元璋是中国历史上少有的出身贫寒的皇帝，他幼年家境困难，个人经历非常坎坷，当过和尚，也做过盗匪（因为朱元璋参加过元末红巾军起义，这些农民起义者被当时的元朝统治阶级视为盗匪），出身于社会最底层的贫民阶层。这些经历，使得朱元璋自幼就对当时处于社会上层、掌握文化知识的文人儒士有着很不好的印象，生怕受到他们的歧视，养成了猜忌怀疑的自卑心态。

在推翻元朝的统治而夺天下的过程中，朱元璋离不开这些文人儒士

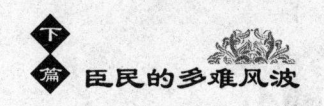

的支持，还能够以比较平和的心态去对待这些知识分子。但是当上皇帝以后不久，朱元璋就开始表露出他对这些人的不满，并用非常残酷的手段去对待那些触怒他的文人儒士。明初的国子学祭酒许存仁，曾为朱元璋争夺天下立下了很大的功劳，但就因为在讨论朱元璋称帝时，他提出要告老返乡，被朱元璋视为忤旨而借故逮捕，后来死于狱中。当新的王朝建立起来以后，朱元璋下诏招读书人出来当官为其所用，贵溪儒士夏伯启叔侄却断指立誓永不当官，这就大大惹怒了朱元璋，于是下令枭没其全家，以为他人儆，借以恐吓天下的读书人。在朱元璋统治时期，有的人仅仅因为向朱元璋直言进谏就会触怒了他，招致杀身之祸。洪武九年就发生了这样的一起事件，当时天象发生异变，古人称为"星变"，为此，朱元璋下诏要求众大臣进行解释。山西平遥县的训导叶伯巨，就向皇帝上书说这是由于朱元璋亲政以来的措施不当引致的。他说是三个原因导致了天象的异变，第一是由于皇帝在开国后分封诸子太过侈奢，第二是由于朱元璋用刑太过频繁，第三是由于希望治理好天下的心态太急切。叶伯巨对朱元璋的进谏本是一番忠心，但却引起朱元璋的猜疑，怀疑这是有意离间他的骨肉亲情，当时就要用弓箭将叶伯巨射死，在丞相的劝阻下才作罢，但最终叶伯巨未能逃过一劫，惨死于狱中。

  文字狱形成的绝大多数案件都是因为被怀疑影射朱元璋的出身寒微而引起的。前面曾提到，朱元璋少年时当过和尚，做过盗匪，这段经历使他当上皇帝以后十分忌讳别人提起此事，认为"光""秃""生（僧）""取法（去发）"是骂他做过和尚，"则"则视为骂他做过贼。不过，古时的读书人写文章偏偏喜欢用文雅的文言文去曲折地表述直白的语句，正好触犯了朱元璋的忌讳。《二十二史札记》中记录了很多这方

面的例子。如杭州府学教授徐一夔给朱元璋上《贺表》，其中有"光天之下，天生圣人，为世作则"的句子，被杀;浙江府学教授林元亮作的《谢增棒表》有"作则垂宪"一句，被处死;澧州学正孟清为本府作《贺冬至表》有"圣德作则"句，被杀;常州府学训导蒋镇为本府作《正旦贺表》有"睿性生知"的字样而被诛。其他犯忌的词句还有"垂子孙作则""仪则天下""建中作则""取法象魏""拜望青门（青门指僧院）""体乾法坤（发髡），藻饰（早失）太平""遥瞻帝扉（帝非）""式（失）君父子以班爵禄""永绍亿年，天下有道（盗）"等等。朱元璋对用字的避讳也很在乎，如不允许用"元"字，"洪武元年"改成"洪武原年";洪武三年下令禁止百姓取名时用天、国、君、臣、圣、神等字，举不胜举。

也有些文人是因为作诗而无意间获罪于朱元璋。如明初的著名诗人高启，在《宫女图诗》中写道："女奴抚醉踏苍苔，明月西园侍宴回。小犬隔墙空吠影，夜深宫禁有谁来？"被朱元璋看到，认为是讽刺自己，就借口高启替苏州知府魏观作《上梁文》有"龙蟠虎踞"四字，将他腰斩于市。官员陈养浩，因作"城南有嫠妇，夜夜哭征夫"诗句，被朱元璋视为动摇军心，也被溺死。最冤枉的是兖州知州卢熊，发现官方公文中老把"兖"字误印成"衮"字，于是上书朱元璋，请求更正。朱元璋看了奏章，很不高兴，认为"秀才无理，便道我'滚'"，将"衮"视为"滚"不久，便以结党的罪名杀了卢熊。

更为无稽的是，就连死了上千年的"亚圣"孟子也陷入朱元璋的文字之狱中。有一次朱元璋读到"民贵""君轻"句时，认为这是大不敬，就命人将孟子的神位扔出孔庙，要让他在死后也得不到赦免。又命人对

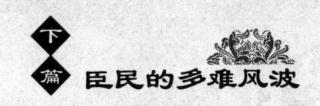

《孟子》一书进行修订，删节了三分之一，作为科举考试的标准用本。直到掌管观天的人说天上的文曲星暗了，引起朱元璋的顾忌，才又不得不将孟子牌位重新送回孔庙。

有一个民间传说，有一次朱元璋私下出游到一个寺庙，发现壁上题有一诗："大千世界活茫茫，收拾都将一袋藏，毕竟有收还有散，放宽些子也何妨！"认为是有意嘲讽他，于是庙里的所有和尚都被处死。

还一些早期的学者指出，明初文字狱的出现主要是由于统治阶级内部矛盾引起的，是旧地主阶级的文人与新兴皇朝臣属的斗争。朱元璋利用文字细节和他自己出身经历的禁忌来兴文字狱，已莫须有的罪名杀戮大批知识分子，用残暴的手段借此以树立皇权的威信，这从一次朱元璋和大臣的对话中就可看出。在大兴文字狱的时候，有很多勋臣对此感到不平，朱元璋曾对他们说过："世乱用武，世治宜文，非偏也。"治文字狱的目的就是为了约束天下的读书人，这从朱元璋定八股、删节《孟子》的行为中可以反映出来。文字狱的出现是封建专制统治在思想统治上走向极端的产物，阻碍了中国文化的健康发展，是应该受到批判的。

李贽入狱之谜

万历三十年岁初,在京师郊外寒意袭人的驿道上,一群锦衣卫快马疾驰而过,直奔通州,以"敢倡乱道,惑世诬民"之罪将一年届七旬病翁缉拿入狱。三月十五日,病翁趁狱侍不备,以其剃刀自割喉管,二日后,血尽气绝而亡。此人即是一代狂狷——李贽。

李贽(1527—1602)是福建泉州人,字宏甫,号卓吾,又号温陵居士。嘉靖三十一年(1552年),李贽参加乡试中举,开始了他的仕宦生涯。三十岁时李贽到河南共城(今河南辉县)任教谕。嘉靖三十九年调任南京国子监博士,到任数月,父去世,回家守制。三年守丧期满,又到北京任国子监博士。没多久,祖父又去世,李贽在共城买了几亩地,让妻子黄氏带三个女儿务农为生,只身回泉州料理丧事。三年后回去时,两个女儿已先后在灾荒中饿死。嘉靖四十五年,李贽携家眷回北京,补了礼部司务,五年后又调任南京刑部员外郎。万历五年(1577年)出任云南姚安知府。在任期间,励精图治,革旧鼎新,反对封建伦理教条的"君子之治",不歧视、欺压少数民族,提倡"至人之治",对官场乌烟瘴气深恶痛绝。

李贽一生,既不谋高位,也不贪财色,一生但以读书明理为乐,为

何横来牢狱之灾呢？关于李贽入狱的原因，一说其入狱是缘于他极具锋芒的批判思想为当权者所不容，所谓"以身试法"而横招牢狱之灾；还有一种观点认为李贽是明统治者内部斗争的牺牲品，完全是官僚之间争权夺利而强加罪名所致。

李贽在北京任礼部司务时，接触了以"反传统"姿态出现的王阳明学说，并对王学进行补充修正，发扬其民主理性的内容，反对崇圣说教，认为"尧舜与途人一，圣人与凡人一"，批判对所谓"古贤圣人"的神圣化。他在南京任刑部员外郎期间，又结识了反对理学的泰州学派著名学者王畿、罗汝芳，并拜王艮（泰州学派的创始人）的儿子王襞为师，颇受其影响。又因王畿和罗汝芳而接触禅学，深受其影响，从而提出儒、道、佛三家无异同，倡"童心说"，反对孔孟教条。由于李贽的思想体系和官方推崇的孔孟之道、程朱理学格格不入，兼他性格耿直，不堪官场上的倾轧，姚安知府三年任期未满，即向上司辞职，未获准即住到大理府鸡足山佛寺，专心研究佛学，从此告别仕宦生涯。

万历九年，李贽从云南来到湖北黄安，住在朋友耿定理家，撰写了一些读史的文章，并教授耿家子弟。耿定理去世后，李贽与其长兄耿定向发生冲突决裂。李贽与耿定向决裂以后，随即公布了他写给耿定向的信，指斥其虚伪。耿定向也把李贽写给另一位朋友的言辞较为"怪僻"的书信略加增删后广为抄传，又不无恶意地提到李贽曾经强迫他的幼弟狎妓，还提到李贽有一次率领僧众，跑到一个寡妇的卧室里化缘。告别耿家以后，李贽移居麻城，第二年派人送家眷回泉州，自己一人住在麻城龙芝佛院，致力于读书、讲学和著述，历十多年，完成《初潭集》《焚书》等著作。

但好景不长，李贽的"异端"思想，又为麻城地方缙绅和官员所不容，又横遭驱逐，幸得门生杨定见事先得到消息，将李贽隐藏起来。麻城官员又下令搜查杨定见家，李贽只得躲进河南商城附近的山中。这年冬天，李贽的挚友马经纶（曾为御史，后因抗疏神宗而被贬为民）得知李贽被逐的消息，便从千里之外的北通州赶到商城山中，陪侍李贽。数月后，马经纶带着李贽回通州，李贽从此便寓居于马家。

李贽常以"异端"自居，正是他这种与主流意识形态格格不入的思想，使得他最终为统治者所不容。时任礼科给事中的张问达参劾李贽邪说惑众，罪大恶极，指责他"刻《藏书》《焚书》《卓吾大德》等书，流行海内，惑乱人心，以吕不韦、李园为智谋，以李斯为才力，以冯道为吏隐，以卓文君为善择佳偶，以司马光论弘羊欺武帝为可笑，以秦始皇为千古一帝，以孔子之是非为不足据，狂诞悖戾，未易枚举，大都刺谬不经"，并进而指责李贽作风放荡，"尤可恨者，寄居麻城，肆行不简，与无良辈游庵院挟妓女，白昼同浴，勾引士人妻女入庵讲法，至有携衾枕而宿者，一境如狂。又作《观音问》一书，所谓观音者，皆士人妻女也。"而最为现实的危险，是李贽已经移居通州，距离北京京城仅40里。统治者最为担心的是，倘若李贽思想传入京城，其产生的影响可能又将是麻城之续，故而万历帝亲自下旨批捕，李贽因此下狱。

但也有人不认为李贽下狱是由于首辅沈一贯有意加害，沈一贯迫害李贽的原因是想乘机打击应诏即将进京任次辅的沈鲤。因为在沈一贯看来，沈鲤会对其权力甚至首辅之位构成威胁，他说："归德公（即沈鲤）来，必夺吾位。"为了除去沈鲤，沈一贯不惜炮制种种罪名，对李贽问罪即是其中之一。拿李贽开刀，可以牵及与其交往密切的名僧达观，并引

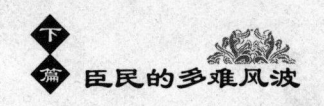

出当时与沈鲤比较亲近的黄晖、陶石篑等朝士，进而牵连到沈鲤。有人认为，张问达弹劾李贽的奏疏正是由沈一贯在幕后指使。张问达在列举李贽几项罪名之后，话锋一转，称"迩来缙绅大夫亦有捧咒念佛……不知遵孔子家法而溺意于禅教沙门者"，实际上这是含沙射影地指责与名僧达观交往甚密的沈鲤，李贽成了二沈之间的斗争的牺牲品。

张问达的奏疏呈上后，万历帝朱翊钧很快就批示："李贽敢倡乱道，惑世诬民，便令厂卫五城严拿治罪。其书籍已刊未刊者，令所在官司尽搜烧毁，不许存留。如有党徒曲庇私藏，该科及各有司访参奏来并治罪。"

据马经纶说，李贽被捕时已卧病三月，仅余喘息，门板抬去，一路昏迷，而且连日粒米难进，呕吐相继，诊脉变常，医者缩手，可见病情已经很严重。

从相关的记载看，李贽在监狱里并没有受到折磨，照样能读书写字。审讯完毕以后，镇抚司建议不必判处重刑，只需要押解回籍了事，这种处罚实际上就是假释，犯人应当终身受到地方官的监视。但这项建议送达御前，皇帝却久久不做批示。

一天，李贽忽然提出要侍者为他剃头，乘侍者离开的间隙，他用剃刀割喉自刎，一时没有断气。侍者看到他鲜血淋漓，问："痛否？"当时李贽已不能出声，他用手指蘸血在侍者掌心中写字答曰："不痛。"侍者又问："为何自割？"答："七十老翁何所求！"

据袁中道的记载，在自刎两天以后，血泊中的李贽才脱离苦海。然而在东厂锦衣卫写给皇帝的报告中，则称李贽"不食而死"。

"空印案"之谜

明朝初年,朱元璋兴起的四次大案,除了胡惟庸、蓝玉两案,还有郭桓案及"空印案"。后两案是因官员贪污而兴,可以说是中国古代的惩治贪污案。郭桓贪污案,查有实据,无可争议。而"空印案"从事情缘由上来说,更接近于作弊行为。"空印案"的牵连之广,给明初的政治活动带来了很大的影响,一时间,士大夫们都不敢为官。那么"空印案"究竟是怎么回事?它有什么值得引起争议的地方?

在明初,按照规定,全国各地的布政司和府、州、县每年都要派会计部门的官吏到户部去报账,将有关地方财政的各项收支,包括钱、粮、布帛、军需款项等详细做账上报,在户部汇总,经户部核实数字后,这账才算做完。因为账目繁多琐碎,只要有一笔数字写错,或与总账不合,户部就会把账册驳回重做,使得地方官们受苦连连。从各地往返京城,少说也要个把月,多的达数月,这对于那些地处偏远的府、州、县来说尤其痛苦,如果超过户部汇总账目期限还要受处分。于是为了方便起见,当时各地方官府派往户部做账目的计吏,往往会带上一些备用的空白账页,并预先盖好地方官衙的大印。说白了,这就有些类似于今天的空白支票或空白介绍信,可以在需要的时候随时填上数字或内容来生效使用,

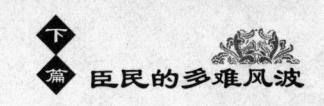

这就是所谓的空印。一旦账目上出现错误，好及时地用空白的账页重做，以避免来回奔波。这一做法，当时的县、州、府、布政司各级官府都采用，已经形成了惯例，是众人皆知的事情。但偏巧的是，在洪武九年一次检查户部钱谷账册的例行公事中，被朱元璋发现了这一做法，这让一向自以为掌握天下耳目的皇帝大为恼火，再加上朱元璋自幼出身贫寒之家，作为推翻元朝统治的领导者，对元朝地方官府的贪污腐败深有体会。他认定这种做法其中一定有问题，是为了作弊或贪污。朱元璋因此大怒，立刻命令将全国各地掌印的官员以及在空白文书上署名的官吏全部逮捕，关入御史台监狱审讯，一时之间，全国数百上千的官吏被关入大牢，而面对天子的盛怒，朝中大臣都不敢上谏劝阻。于是这一案件不断扩大，最终就形成了明初著名的四大案之一的"空印案"。

对于皇帝的做法，在当时便有人不服。当时宁海（浙江）的布衣郑士利，兄长郑士元任湖广按察使佥事，也因为此案而被捕。郑士利非常清楚空印账的来由，因此他就给朱元璋上了奏折，想要说明空印一事的由来，希望能用讲道理的方法来证明使用空白账页是不可能作弊的。因为在当时，正式的官府公文一般都使用骑缝章，并且还要加盖好几枚印章才能有效，并不是说只在一张纸上盖一个印就能使用的。郑士利认为既然使用空白印账是由来已久的习惯，就不应该加罪。他又从明朝的法理上进行辩解说，国家一直以来是先有法律明告天下百姓，然后才会对犯法的人判罪，但从开国以来却从未就空印一事颁布法律，因此怎么能判罪呢？并且一旦随便诛杀众官吏，如何能够服众。在封建君主专制时代，这种指责皇帝的做法，结果只是更加触怒了朱元璋。他下令将郑士利逮捕，并严加审讯，要找出幕后指使，并将郑氏兄弟押解到今江苏江

浦服劳役。

经此一番，最终整个"空印案"的最后判决是：凡地方主印官全部处决，佐吏以下杖一百，然后充军戍边，全国范围内因此而处死的官员成千上万。但这一判决结果并未能解决官吏的贪污问题，此后才过了11年，就发生了户部侍郎郭恒盗卖库粮、贪污钱钞的大案，贪污总额折合粮食达2400余万石，受牵连的官员逾万，全部处死，甚至连民间乡村百姓之家也受到波及，一时全国上下人心惶惶。

从"空印案"形成的全过程和结果来说，大多数都是冤狱，如此扩大化的审理狱案，是中国历史上罕见的。据估计，"空印案"与郭恒贪污案合在一起，共处死并连坐了将近七八万人之多。从"民中人之家有大抵皆破"的记载来看，这可能也是朱元璋敛财的一种手段。不管这是否是有计划的手段，如此地审理案件，反映了人治时代律法的专制与残暴。

"空印案"究竟发生在哪一年一直是个谜，关于"空印案"，在《明太祖实录》和《明史太祖纪》上都没有提及，这便导致了后来众说纷纭。

有人说，根据《明史》卷九四《刑法志二》的记载，"空印案"发生在洪武十五年。但是，翻阅《明史》卷一三九《郑士利传附方征传》，却又发现，其中提到怀庆知府方征上书为"空印案"鸣冤，于洪武十三年被逮到京城，这样，在明史中就出现了前后叙述自相矛盾之处，据此推断"空印案"的发生应早于洪武十三年。

又有学者考证后提出，"空印案"的发生是在洪武九年，所根据的是方孝孺的记载，因为在方氏《逊志斋集》卷廿一《先府君行状》及《叶伯巨、郑士利传》中，都曾言及在洪武九年发生"空印案"，近代史学家孟森、李光壁就据此认定是洪武九年。

近些年来，又有研究者对"空印案"发生的时间做了更为细致的考证，将《明史》与《兴化府莆田县志》《明太祖实录》《国榷》反复核对确认，认为"空印案"应当是发生在洪武八年（1375年）。因为前面提到的方徵上书鸣冤的原因是"因星变求言"，而"星变求言"一事发生的时间是洪武九年闰九月，方征在上书中明确地提及是去年发生"空印案"，因此应该是洪武八年。

"空印案"的发生之所以会在时间上造成不确定性，有学者认为，是由于"空印案"涉及面大，牵连人广，经过了相当长的时间才结束，因此才会出现不同的时间说法。

宦官专权：阉党祸乱朝纲秘闻

宦官专权乱政在中国各个朝代都屡见不鲜。明朝建国之初，朱元璋吸取历朝历代因宦官而亡国灭家的教训，对宦官的活动和权限做了很严格的限制。然而，最终明朝却出现了历史上有名的宦官权臣、阉党祸乱朝纲的事情。

明朝内阁权力斗争之谜

自秦朝以来，中国历朝都是中央集权专制国家。到了明朝，中央集权达到了顶峰。在中央官制上，朱元璋废除了宰相制度，而代之以"私臣"治国的内阁制度。明朝的内阁制度是怎样一种制度，又是如何运作的？

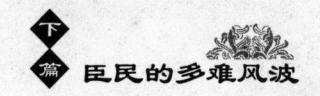

明初立国时，朱元璋曾经沿用元代的制度，以中书省为中央最高行政机构，设左右丞相总领政务，也即奉行历代采用的宰相制。但是，在朱元璋看来，自秦汉设立宰相以来，虽然不乏有贤德的宰相，但多数是小人专权乱政，而且宰相权力过大就会危及到皇帝的权力。因此，洪武十三年，朱元璋就借胡惟庸谋反一案，罢中书省，废掉丞相职。从此，推行了上千年的宰相制度在中国就告结束，皇帝从此集皇权、相权于一身。

但皇帝毕竟分身无术，精力有限，很难长期处理如此大量的政事。为了保证皇帝权力不旁落，同时又便于处理政事，就不得不在政治制度上另想他法。为此，朱元璋先是设立了四辅官，但不久就废除了。洪武十五年，朱元璋开始仿照宋朝的制度，实行殿阁大学士制，从翰林院等机构挑选文臣充任文渊阁、东阁、华盖殿、武英殿、文华殿的殿阁大学士作为顾问，协助皇帝批阅奏章，随侍左右，以资顾问。由于这些人位卑品低，最高的也只有五品官衔，不能参与国家政务的决断，并且当时的实权部门六部的事务都是由各部尚书直接上奏皇帝的，就使得各种权力集中于皇帝一身。这样解决了皇帝日理万机的痛苦，使得朱元璋能够更从容地处理国事。可这一制度的缺陷是事事都要皇帝亲自决策，缺乏一个有效的处理日常政务的中枢机关，不利于政令推行，所以殿阁大学士制实行时间不长就又撤销了。之后直到明成祖朱棣于永乐元年（1403年），在殿阁大学士制的基础上，对有关的缺点做了调整，由皇帝本人亲自挑选亲信大臣进入文渊阁，参与政务，重新恢复了这种体制。因为文渊阁正好坐落于皇宫内，所以称为"内阁"。至此，明朝的内阁制度正式形成，它成为协助皇帝处理政务的常设机关。

明成祖时代的内阁其重要性不是很突出，是一个机要秘书式的小衙门，其作用犹如现今的高级顾问班子或智囊团，而不是一个独立的权力机关。因为它既没有专门的衙门，也没有官衙印信，更没有官员属吏，最重要的是内阁不能直接统辖各部事务，仅能奉皇帝的旨意办事。这一时期的内阁官员和朱元璋时代一样，都出自翰林院，大多官员的官品不及五品。朱棣仍然严格遵守太祖朱元璋的祖训，严禁阁臣过多干预政务，对于有敢于过多干预皇帝施政的从不轻易宽恕，为此还处置了不少被他器重过的阁臣。如明成祖时的第一个内阁大臣解缙，曾为朱棣争夺皇位立下过汗马功劳，仅仅因为敢于向皇帝直言犯谏，结果一度被贬下狱；另有一个黄淮，曾被朱棣视为有远见的大臣，也因此被下锦衣卫牢狱关了十年，直到朱棣死后才放出。

内阁权柄不重的情形到了仁宗、宣宗朝以后，经过长时间的积累，随着内阁官员身份的改变，开始突破朱元璋时的限定，演变成为一个能够决定国家大政方针、无所不包的中枢机构。因为内阁长期处于皇帝身边，对于朝廷的大事毕竟有很高的参与度，可谓位高权重，而如果官员的品秩不高，这就很难保证下面的大臣会老实地服从。所以，从明仁宗的时候开始，阁臣的官位越来越高，如明洪熙帝提升杨士奇为礼部侍郎兼华盖殿大学士，升杨荣为太常卿兼谨身殿大学士，不久又都升任为尚书。于是便出现了阁臣加太师太保，或加尚书、侍郎，但仍兼学士、大学士衔的情况，同时，内阁也开始有了独立的官员属吏和相应的办事机构。从此，在内阁大臣之间，凡是居于首位的人，慢慢地又向着位跻三公、权压六卿的宰相过渡。这时的所谓"三杨"，即杨士奇、杨荣、杨溥曾六居内阁，辅佐三朝皇帝，执掌了国家大政，皇帝的政令都由他们这

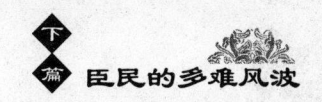

些阁臣事先代拟诏令旨意，然后传达下去，人们称之为"三杨用事，政归内阁"。到了嘉靖年间（1522—1567），上朝听政的时候，大学士的排位班次开始列于六部尚书之上。可以说，此时的内阁大学士虽无宰相之名，却有宰相之实。

明朝中叶以后，内阁之中还出现了首辅、次辅和群辅的明确区别。首辅又叫"首揆"，主持内阁大政，位极人臣，为内阁首席阁臣，一切朝政皆归其调度，次辅和群辅都要听其行事，不敢与之相争。当时皇帝发布号令的程序是，先由皇帝口述旨意，然后由宫内的司礼监的秉笔太监用朱笔记录后，交给内阁，再由内阁首辅按照"批红"拟成诏谕（称"票拟"，亦称"条旨"或"调旨"，即用小票写所拟之批答，以备皇帝朱笔批答）。这种情况直到出现太监专权的时候，首辅开始听令于内侍，其权力才开始被削弱。嘉靖朝，夏言、严嵩等内阁首辅的权威很大，已成为实际上的宰相，而内阁成为了事实上的全国行政中枢机构。

内阁权力由轻而重，对明朝的政治活动有很大的影响。首先，内阁与中央机构中的六部的关系就必然要发生转变。前面已经提过，按明朝官制，内阁与朝廷的大多部门没有任何隶属关系，六部分理天下事务，直接对皇帝负责，内阁大学士不许实际掌握六部事务。永乐时期，由于内阁官员品秩不高，和六部官员在一个层次上，矛盾还不是很明显。但到了明朝中后期，自严嵩开始，内阁开始逐渐侵蚀六部的权力。尤其是到了张居正担任内阁首辅时，他与宫内的大太监冯保勾结，使得六部的权力都归于内阁，阁权一度凌驾于部权之上。这种改变明显违反了明太祖朱元璋的祖制，又涉及到实际的权力争夺，自然引起了六部的极大不满，为了各自的利益，内阁与六部之间形成了激烈的斗争。当时，内阁

官员经常利用所掌握的对官吏的考察任选权排除异己，如严嵩就将文武大臣的升迁操纵在自己手中，就连历史上颇有清名的张居正，也经常利用考察官员之机，铲除异己分子。并且，内阁为了把持朝政，压制部、院，还经常勾结皇宫内的宦官一起对付政敌，这也是明朝宦官为害深重的一个重要诱因。

可以说，明朝统治者为解决宰相难题而设立的内阁，却使得各官僚集团争夺权力的斗争空前激烈，造成明朝党争异常激烈。在明朝的党争中，言官制度（主要是都察院及六科给事）是一个重要因素。言官们通过向皇帝进言劝谏，来影响皇帝对某一问题的看法。这一制度很受明朝皇帝的重视，因此言官就成为了内阁与六部斗争的打手，内阁和六部都极力笼络言官，利用他们进行互相攻击，如果遇到与自己政见不同的政敌，便授意言官群起而攻之。从明朝中期起，这种争斗越来越激烈，到了明末更是形同水火，出现了"内阁所是，外论必以为非，内阁所非，外论必以为是"的政治格局。

明朝的党争又以内阁之中的纷争最为激烈。按说，作为饱受儒家文化的熏陶，以"仁、义、礼、智、信"自居的士大夫，应该以仁为本，与人为善，为国效忠，但在内阁制度下的残酷的权力之争中，弱肉强食，几乎每个人都拉帮结派，培植自己的势力，以自己的好恶为准绳，对权力欲望的追求使他们变得冷酷无情，非要置政敌于死地而后快。从心狠手辣上讲，这些内阁大臣们比文化不高的武将和不通文墨的宦官有过之而无不及。按明朝官制，阁臣只能由三品以上的大臣通过共同推举产生，而大臣一旦入阁，便可向上接近天子，向下傲视百官。特别是明朝中期以后有了首辅、次辅、群辅之分，首辅位高权重，可谓一个人说了算，

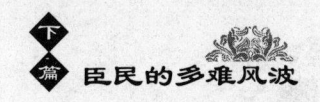

其他人只能参与讨论，这就使得对首辅的争夺更加激烈。为此，阁臣们联朋结党，攀引门生，互相倾轧，采用各种伎俩来打败竞争对手，其中嘉靖、隆庆、万历时期首辅之争最为激烈。嘉靖初年出现了所谓"大礼议"之争，当时的首辅杨廷和因议礼的时候不符合皇帝的意见而失宠，次辅杨一清就趁机联合张璁等其他官员扳倒杨廷和取而代之，张璁不甘心居于杨一清之下，又网罗党羽，扳倒了杨一清，自己出任首辅，之后不久夏言又取而代之，很快严嵩又取夏言而代之。此后，嘉靖四十一年（1562年），阁臣徐阶暗中嘱咐御史邹应龙弹劾严嵩，徐阶当上了首辅，然后李春芳、高拱又先后取而代之。再后，徐阶的学生张居正又勾结司礼监太监取代了高拱，独揽大权。首辅之争最残酷的地方是，一个首辅的倒台，必然要牵涉到所有各派官员，或贬或升，造成政局动荡，党祸不断，国无宁日。

可见，明朝以内阁取代宰相加强皇帝中央集权的做法并未收到预想的效果，带来的反而是明朝政治的混乱，最终导致了统治集团的分崩离析。

明朝厂卫之谜

提起厂卫，人们立即想起明朝的"鲜衣怒马"锦衣卫。厂卫到底是什么组织，为什么人们谈起厂卫就会谈"虎"色变？事实上，厂卫并非一个组织，而是数个组织的合称，除了锦衣卫外，还包括东厂、西厂、内行厂等。这些组织的共同之处，就是都属于手段毒辣、无孔不入的特务组织，这也是人们对厂卫谈"虎"色变的重要原因。神秘的明朝厂卫究竟是怎样的组织呢？

在厂卫组织中，锦衣卫建立最早。锦衣卫本是皇帝贴身禁卫军。以明初的军制，基层单位是"卫"和"所"，每卫辖正规军士约5000人，其下设所，分为千户所和百户所，京城的禁卫军所辖卫所48处。洪武十五年（1382年），朱元璋决定改革禁卫军，建立了十二个亲军卫，其中最重要的就是"锦衣卫"。

锦衣卫的首领称为指挥使，通常由皇帝的亲信武将担任，其职能就是"掌直驾侍卫、巡查缉捕"。负责执掌侍卫、展列仪仗和随同皇帝出巡的锦衣卫，基本上与传统的禁卫军没什么两样。例如锦衣卫中的"大汉将军"，明初约有1500人，明末则达5000余人，主要的工作就是负责在殿中侍立，传递皇帝的命令，同时承担宫中的保卫工作，这也是传统禁卫军的基本职责。"巡查缉捕"则是锦衣卫区别于其他各朝禁卫军的特殊之处，也是它能为人们牢牢记住的原因。其实朱元璋建立锦衣卫的初衷也只是用来行仪仗和侍卫之职，然而生性猜忌多疑的朱元璋在向明初的开国功臣们举起屠刀后，越来越感觉司法机构如刑部、大理寺、都察院都不可靠，于是便将身边的锦衣卫的职能进行调整，原本只是负责宫廷保卫的锦衣卫就拥有了侦缉、刑讯的职能，变成超越正常司法体系的御用特务机构。

　　锦衣卫中负责侦缉刑事的机构是南北镇抚司，下设五个卫所，其统领官称为千户、百户、总旗、小旗，普通军士称为校尉、力士。校尉和力士在执行缉盗拿奸任务时，被称为"缇骑"，最少时为千余人，最多时达6万之众。锦衣卫官校一般从民间选拔孔武有力、无不良记录的良民，之后凭能力和资历逐级升迁。其中北镇抚司拥有独立的监狱，专理皇帝钦定的案件，可以不经过一般司法机构自行逮捕、刑讯、处决。锦衣卫这种独立的办案体系给自己蒙上了一层神秘的色彩，也使自己成为恐怖的象征。

　　由于明初两代皇帝朱元璋、朱棣权力合法性的危机一直存在，导致对皇权的维护和巩固有着其后继者所没有的强烈欲望，这就使得锦衣卫的"巡查缉捕"职能被无限度扩大。锦衣卫的工作主要是侦察各种情报，处理皇帝交付的案件也就是诏狱。由于直接向皇帝负责，正常的司法机构都没有能力干涉、限制他们的活动，上至宰相藩王，下至平民百姓，都处于他们的监视下，对他们的命令只要稍有拂逆，就会家破人亡，导致缇骑四出，全国上下笼罩在一片恐怖气氛之中。

　　有明一代，北镇抚司大牢中经常关满了各种无辜的人们，死于锦衣卫酷刑之下的人士更是数不胜数。在中国数千年的专制统治历史上，特务统治并非明朝首创，恐怖气氛也时有出现。然而，前朝历代的恐怖统治大多都仅限于某一特定的历史时期，如武则天为争夺李唐天下就曾大行特务统治，致使当时一度告密风行，酷吏当道，全国陷入恐怖之中。但当武则天掌握了权力，就很快改变了这种恐怖的氛围。可整个明朝历史上，特务恐怖统治几乎从未间断，这种无节制的滥捕极大地影响了皇帝与官僚机构之间的关系，使百官、民众、军队与皇帝离心离德，以至于有人说明朝不是亡于流寇，而是亡于厂卫。

锦衣卫另一项臭名昭著的职能就是"执掌廷杖"。廷杖制度始自明朝，用来教训不听话的士大夫。一旦哪位倒霉官员触怒了皇帝，就会被宣布加以廷杖，立刻被扒去官服，反绑双手，押至行刑地点午门。在那里，司礼监掌印太监和锦衣卫指挥使一左一右早已严阵以待。受刑者被裹在一块大布里，随着一声"打"，棍棒就如雨点般落在其大腿和屁股上。行刑的锦衣卫校尉都受过严格训练，技艺纯熟，能够准确根据司礼太监和锦衣卫指挥使的暗示，掌握受刑人的生死。如果这两人两脚像八字形张开，表示可留杖下人一条活命；如果脚尖向内靠拢，则杖下人就只有死路一条了。杖完之后，还要提起裹着受刑人布的四角，抬起后再重重摔在地上，此时布中之人就算不死，也去了半条命。廷杖之刑对士大夫的肉体和心灵都是极大的伤害，但明朝的皇帝却乐此不疲，锦衣卫将校对它更是情有独钟。

一般认为东厂的发明者是明成祖朱棣，在发动"靖难之役"夺取了侄子的皇位后，朱棣一直面临皇位合法性的危机，一方面，建文帝生死不明，复辟威胁并未彻底消除；另一方面，朝廷中也有很多大臣对新政权

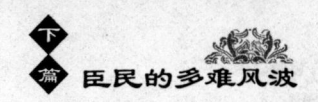

并不十分支持。为了巩固皇位,成祖迫切需要一个强有力的专政机器。由于锦衣卫设在宫外,调用不便,于是准备新组建一个特务机构。在朱棣起兵举事的过程中,一些宦官如郑和等人出过大力,所以在朱棣的心目中,觉得宦官比较可靠,而且他们身处皇宫,联系起来也比较方便。就这样,在明成祖迁都北京之后,建立了一个由宦官掌领的侦缉机构,由于其地址位于东安门北侧,因此被命名为东厂,东厂的职能是"访谋逆妖言大奸恶等,与锦衣卫均权势"。

东厂的侦缉范围十分广泛,朝廷的各个衙门都有东厂人员坐堂,以监视官员们的一言一行;甚至朝廷会审大案、锦衣卫北镇抚司审问重犯,东厂都要派人参与;一些重要衙门的文件,如兵部的各种奏报,东厂都要派人查看;甚至连百姓的日常生活、夫妻吵架,也在东厂的侦察范围之内。东厂获得的情报,可以直接向皇帝报告,相比锦衣卫必须采用奏章的形式进行汇报,更加便捷。

东厂衙门的布置与众不同。岳飞的雕像供在大厅旁边的小厅,历届东厂厂主的牌位,则供奉在大厅西侧的祠堂里,堂前还有一座"百世流芳"的牌坊。与东厂人员的所作所为相对照,供奉岳飞的塑像实在是对岳飞的不敬,而那个"百世流芳"的牌坊换成"遗臭万年"可能更适合。

东厂番子每天在京城大街小巷里面活动,无处不在。史载,曾有数人在密室中喝酒,其中一人喝醉了,大骂起当时执掌东厂的魏忠贤,结果骂声还没停下,东厂的密探就已经破门而入将其逮捕。事实上,东厂的密探们并非完全为朝廷办事,更多的是为自己谋私利。他们常常罗织罪名,诬赖良民,然后屈打成招,趁机敲诈勒索。到了明朝中后期,东厂的侦缉范围甚至扩大到了全国,连远州僻壤,也出现了东厂密探的身

影，一时举国上下人人自危，民不聊生，人们看到这些"鲜衣怒马作京师语者"就马上避开，以免遭到飞来横祸。与锦衣卫相比，东厂后来居上。由于东厂厂主与皇帝关系颇为密切，又身处皇宫，时时在皇帝身边，更容易得到皇帝的信任。东厂和锦衣卫，逐渐由平级变成了上下级关系。

与东厂不同，西厂在明朝历史上只短期存在过。明宪宗成化年间，京城等地出现了一系列神秘的"妖化"事件，成化帝由此深感宪侦力量的不足。于是他选任小太监汪直，派往宫外打探各种消息。汪直趁机四处捕风捉影，搜罗了大量所谓的"秘密情报"向成化帝报告。成化帝对汪直的表现十分满意便设立了一个新的内廷特务机构——西厂，由汪直负责主持。西厂从禁卫军中选拔军官，然后再由其自行选置部下，不足月余，西厂人员便得到极大扩充，其势力曾显赫一时。

成化帝设立西厂的初衷，本来只是为了让其侦探消息，但汪直为了快速建立"功业"，大肆制造冤假错案，讨好主子。西厂一经设立，经其经办的案件数量之多、速度之快、牵扯人员之众均大大超过了东厂和锦衣卫。当时西厂的侦缉网遍布全国，其打击对象主要是被认为有不轨之言行官员，一旦怀疑某人，便立刻加以逮捕，而且事先不必经由皇帝同意。

西厂成立半年后，由于其手段恐怖，弄得朝野上下人人自危。大学士商辂等辅臣集体上书，向成化帝举报以汪直为首的西厂所做的不法之事。宪宗闻言，十分震惊，遂废置西厂。但月余不到，失去安全感的成化帝又将西厂恢复，并复用汪直。在接下来的几年中，西厂权势达到了巅峰。但随着汪直权力的极度膨胀，也逐渐引起了皇帝的警觉。不久，汪直在与东厂、锦衣卫等组织的权力角逐中遭到失败，西厂也随之解散。

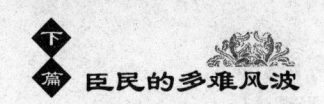

除东厂、西厂外，明朝宫内特务机构中还有一个不太为今人所知的组织——内行厂。明武宗时，大太监刘瑾掌权，宦官势力一度十分强盛，西厂再次设立，由太监谷大用负责统领。但由于东厂、西厂两家争夺权力，关系一度相当紧张。于是刘瑾便又设立一个内行厂，由其本人直接指挥。内行厂的职能与东西厂相当，但其侦缉范围却更广，甚至对东西厂和锦衣卫也进行监督。一时间，宫内宫外四大特务机构并存，特务四出，天下骚动。直到五年之后刘瑾倒台，正德帝才将西厂和内行厂一并废止。

王振擅权之谜

蒙古瓦剌部曾于明正统年间大举进犯中原。当时正统皇帝朱祁镇亲自率领50万大军迎敌，蒙汉两军于土木堡附近展开一场大战，结果明军大败，不但50万大军损失过半，就连一国之君正统皇帝朱祁镇也被掠去，一时天下震惊。造成这一事变的主要原因是由于明军的指挥竟然是一个根本不懂军事的太监，此人就是权倾一时的宦官王振。王振在这次战争中被护卫将军樊忠乱锤击毙，正统帝复位后，竟又为王振恢复官爵，并将王振的假身供奉在智化寺，享受祭拜。作为一名太监，王振何以能如此受宠，权倾朝野，左右朝政？

宦官专权乱政在明朝之前便已屡见不鲜了。明朝建国之初，朱元璋吸取历朝历代宦官干政而亡国灭家的教训，对宦官的活动和权限做了很严格的限制，绝不允许宦官过问朝政大事。朱元璋命人在宫门挂一块三尺铁牌，上面刻有"内臣不得干预政事，预者斩"几个大字。

这条规矩到明成祖的时候就渐渐被破坏了。朱棣夺位后，为防范大臣反对或于背后非议他，开始重用身边的太监。此后，宦官的权力一步一步得到加强。到明成祖的孙子宣宗时期，宦官可以读书识字，甚至司礼监宦官可以代皇帝批阅奏章。正是通过这种形式，宦官的权力开始日

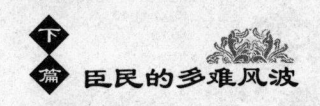

渐膨胀，明代第一个专权乱政的宦官王振便是其中的典型。

王振，蔚州（今河北蔚县）人，曾习儒业，略通经书，也曾参加过数次科举考试，但都没有考中。在做了九年教官后，一次，王振听说皇宫要招太监，便自阉入得宫里。当时宫里习书识字的太监不多，只有王振粗通文字，大家便都叫他"王先生"。王振善于察言观色，见风使舵，由此深得宣德皇帝的欢心，封他为东宫局郎，专门教太子朱祁镇读书。年幼的朱祁镇爱玩，王振便想出各种方法讨好太子，尽可能让他玩得痛快开心。

宣德十年（1435年）正月，宣德皇帝一病而终，太子朱祁镇登基称帝，就是史称的"正统皇帝"。朱祁镇继位后，王振身价也因此倍增，并最终当上了手握大权的司礼监。

朱祁镇继位时刚满九岁，年幼无知，只得由祖母太皇太后张氏垂帘听政。张氏把国家一切政务交给内阁大臣杨士奇、杨荣、杨溥三人全权处理。三杨德高望重，太皇太后也非一般女流之辈，所以当时王振还不敢放肆，对张太后和三杨也极尽殷勤，毕恭毕敬。一次，正统帝朱祁镇与小宦官在宫廷内玩耍，被王振看见了，他暗自得意，一次表现自己忠心的好机会来了。第二日，王振故意当着三杨等人的面，向正统帝跪奏说："先皇帝为一球子，差点误了天下，陛下今天复蹈其好，是想把国家社稷引到哪里去！"并装出一副忠心耿耿、忧国忧民的模样。三杨听了深受感动，慨叹地说，宦官当中也有这样的人啊！对王振的戒备之心也因此日减。为了表示自己遵守规定，不参政事，王振每次到内阁去传达皇帝的旨意时，总是站在门外，假装不敢入内，三杨被其"忠心、守规矩"的假象迷惑。后来，王振再来传旨时，三杨打破惯例，把王振请到

屋内就坐，讨论政事时也不加防备。

渐渐长大的朱祁镇仍一味追求玩乐。王振在帮助他批阅奏章时趁机把朝廷军政大权抓在手里，他劝正统帝用重典制御臣下。此后，由于王振对皇帝的影响越来越明显，朝廷大员对王振十分畏惧，因为得罪了他，往往不是被撤职就是遭充军。但由于太皇太后张氏和三杨仍在间接直接地监管着朝政，所以王振此时仍不敢过于嚣张。

正统七年（1442年），太皇太后张氏病逝。而此时三杨中杨荣在正统五年病死，杨士奇因为儿子杀人引咎辞职，不久去世，只有杨溥在朝，但他年老多病，已难问国事。失去约束的王振便肆无忌惮地飞扬跋扈起来。他开始实施蓄谋已久的专权干政的计划。第一步就是把明太祖挂在宫门上那块禁止宦官干预政事的铁牌摘下来，然后又在京城内大兴土木，为自己修建府邸园林。王振性情残暴，但在表面上仍要装出敬佛的样子，祭佛敬神时动辄征军民万人，花费数十万银子。所以当时京城有歌谣这样唱道："竭民之膏，劳民之髓，不得遮风，不得避雨。"

王振大权在握后，更加肆无忌惮，为非作歹。谁若顺从和巴结他，就会立即得到提拔和晋升；谁若违背了他，会立即受到处罚和贬黜，甚至丧失身家性命。见到王振权势日重，一些无耻的官僚纷纷前来巴结贿赂，以求得升官发财。工部郎中王祐，长得面白须净，却是个出了名的马屁精。有一次，王振问他说："王侍郎你为什么没有胡子？"王祐笑着回答说："老爷你没有胡子，儿子我怎么敢有。"一句话说得王振心花怒放，立即提拔他为工部侍郎。官僚徐希和王文亦因善于谄媚拍马，也先后被王振提拔为兵部尚书和都御使。在打击异己、安插亲信的同时，王振并没有忘记自己的家人，他先后把他的两个侄子王山和王林提拔为锦衣卫指挥同知和指挥佥事，掌管着宫内外的刑侦司狱大权。除中央外，地方各级官员也极尽谄媚之能事，纷纷依附王振，从中央到地方很快形成了一个以王振为核心的朋党集团。

由于正统帝终日不理朝政，使得王振专权，党同伐异，独断专行，朝政日乱，军纪涣散。因边事不修，终于招致了蒙古瓦剌部的进犯。

1449年，瓦剌派三千名使者到北京，进贡马匹，要求赏金。王振借口瓦剌首领也先谎报人数，削减了对蒙古的赏金和马价。此举激怒了也先，便率领瓦剌骑兵进攻中原，首犯大同，边境告急。此时准备不足，情况不明，本不应仓促应战，但王振为在朝廷扬威，竭力怂恿正统帝快速带兵亲征。兵部尚书邝埜和侍郎于谦认为，朝廷没有充分准备，反对皇帝亲征。但不懂兵法的王振认为，只要兵多将广，就一定能打胜仗。正统帝平时一贯对王振言听计从，禁不起王振的蛊惑，于是不顾大臣的劝谏，带领50万大军从北京匆匆出发。

这次出兵，由于缺乏必要准备，军队纪律涣散，士气不振，再加上王振的胡乱指挥，战争一开始，部队就一溃千里，未战先败。王振意识到情况危急，急令退兵回北京。但撤退中，王振又想带大兵到他老家蔚州去摆摆威风，于是几十万大军往蔚州方向跑了40里地。后来王振怕兵马损害家乡的田地，又下命令往回走。这样忽而北，忽而南，拖延了撤兵的时间，被瓦剌的追兵赶上。在土木堡，正统帝中瓦剌军假议和之计，被瓦剌军包围，明军大乱，损失惨重。禁军将领樊忠，早就恨透了王振这个祸国殃民的奸贼，抡起手里的大铁锤气愤地说："我为天下诛此奸贼！"说完，将王振乱锤击毙。

眼看明军大败，脱逃无望，正统帝朱祁镇便跳下马来，束手待擒，

成了瓦剌的俘虏。这就是历史上著名的"土木之变"。

英宗被俘的消息传到北京后,群臣震惊,悲痛不已。皇太后命正统帝的弟弟朱祁钰监国,兵部侍郎于谦向朱祁钰跪求,清除王振党羽。此时朝野上下一致要求诛杀王振党羽,朱祁钰立即下令处死王振的侄子王山并族诛王振余党。

王振从一个东宫局郎,最后成为一个权倾朝野、独断朝政的权臣,个中原因,深为复杂。这既是王振善于钻营的结果,又和朱祁镇的昏庸无能有关,甚至也有人认为这是封建专制体制必然的结果,种种观点,不一而等。

刘瑾专权秘闻

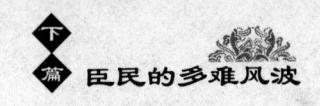

明正德年间，民间流传一句俗语，说当今有两个皇帝，"一个坐皇帝、一个站皇帝，一个朱皇帝、一个刘皇帝"。坐皇帝、朱皇帝是指明正德帝朱厚照，站皇帝、刘皇帝指的就是明朝三大宦官之———刘瑾。一个地位卑微的太监何以如此权高位重，权比皇帝呢？

刘瑾本姓谈，兴平（今属陕西）人，六岁时被镇守太监刘顺收为义子，并靠刘的关系得以净身入宫，遂改姓刘。刘瑾入宫以后，常听说关于正统皇帝时期宦官王振的许多传闻，很是羡慕，幻想着有朝一日，自己也能出人头地，成为权倾朝野、权集一身的人物。

刘瑾在弘治皇帝在位时侍奉太子朱厚照。他知道今日太子即是明日皇帝，等太子登基即位后，他这个日夜服侍的太监就是大功臣，权势与富贵便会随之而来，侍奉好太子是实现自己权力欲望的第一步。于是，刘瑾千方百计地讨好当时只有十多岁的太子朱厚照。

弘治十八年（1505年）五月初六，36岁的弘治皇帝突然病死。15岁的太子朱厚照依制继皇帝位，刘瑾终于盼来了出头之日。

朱厚照身边有八位宠爱的太监，人称"八虎"，他们是刘瑾、马永成、高凤、罗祥、魏彬、丘聚、谷大用、张永，这八个宦官依仗皇帝的

权势，在外面胡作非为。刘瑾则以其善察言观色、诡计多端，为"八虎"之首。

想插手朝政，就得要讨好皇帝，取得皇帝的信任，并让其玩物丧志，这样才能背着皇帝干为非作歹的勾当，所以刘瑾和七个宦官想方设法地鼓动正德帝游玩享乐，陪他打球骑马、放鹰猎兔。刘瑾最受正德帝的信任，不仅在内宫监任职，而且掌管着京城的精锐守卫部队。刘瑾每天都给正德帝安排许多寻欢作乐的事，等他玩得正起劲的时候，乘机将大臣的许多奏章送给正德帝批阅。正德帝很不耐烦，说："我要你们干什么？这些小事都叫我自己办？"刘瑾表面上灰溜溜地退下去，心里却美滋滋的。此后，他有恃无恐，批阅奏折、排除异己、独断专行，把朝廷弄得乌烟瘴气。刘瑾怕人反对自己，便派出东厂、西厂特务四出刺探，还在东厂、西厂之外，设一个内行厂，由他直接掌管，连东厂、西厂的人，也要受内行厂监视。被这些特务机构抓去的人，都受到残酷刑罚，被迫害致死的多达几千人，这样刘瑾就成为了一人之下、万人之上的"刘皇帝"。每次正德皇帝上朝时，刘瑾站在他的右边，文武百官拜见过皇帝后，还要朝刘瑾方向作一揖，所以时人称正德皇帝是"坐皇帝"，刘瑾为"站皇帝"。

在权力欲望满足后，刘瑾的财欲也是欲壑难填。他利用权势，贪污受贿、敛财之巨令人发指。各地官员想保住官职或想升迁就得向刘行贿，少则千两多则上万，否则会乌纱帽甚至性命不保。地方官员到京都朝见，怕刘瑾给他找麻烦，先得给刘瑾送礼，一次就送两万两银子。有的官员进京的时候没带那么多钱，不得不先向京城的富豪借高利贷，回到地方后才偿还，称为"京债"。甚至有个京城官员出差回来，因没有借到钱，

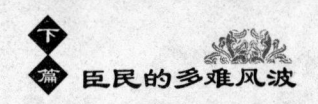

不敢回京见刘瑾，急得在途中自杀。

刘瑾飞扬跋扈、胡作非为，民间怨声载道，朝廷内外的正直官员对其恨之入骨，但慑于其耳目众多且心狠手辣，皆敢怒不敢言，就连"八虎"内部也对他有意见。

1510年，安化王朱寘■，以反对刘瑾为名，发兵谋反。正德帝派杨一清起兵讨伐，派宦官张永监军。杨一清曾被刘瑾诬陷迫害，后来经大臣们营救，才幸免于难。杨一清对刘瑾早就有铲除之心。他打听到张永原是"八虎"之一，刘瑾得势以后，张永跟刘瑾也有矛盾，就决心拉拢张永。平定叛乱后，在押解朱寘■回京的路上，杨一清找张永密谈，说："这次靠您的大力，平定了叛乱。但铲除一个藩王容易，内患却不好解决，怎么办？"张永惊异地说："您说的内患是什么？"杨一清凑近张永，用右手指在左掌心里写了一个"瑾"字。张永一看，先是一惊，但暗地高兴，他故意皱起眉头说："这个人每天在皇上身边，耳目众多，要铲除他可难啊！"杨一清见张永果然也对刘瑾心存杀心，就凑到张永耳边低声说道："您也是皇上亲信。这次凯旋回京，皇上定会召见您。趁这个机会您把朱寘■谋反的起因奏明皇上，皇上一定会杀刘瑾。如果大事成功，您就能名扬后世啦！"但张永心犹豫：如果大事不成，定会遭刘瑾报复而死无葬身之地。杨一清见他下不了决心，又说："如果皇上不信，您可以哭谏，表明忠心，大事一定能成功。不过这件事得先下手为强，免得走漏风声，大家都没命。"本来就对刘瑾不满的张永，经杨一清一怂恿，胆子也壮了起来。到了北京，张永按杨一清的计策，当夜参见正德皇帝，揭发刘瑾谋反，并把藏于袖中弹劾刘瑾的奏折呈上，奏折上列出的刘瑾十七条罪状，条条都被在场的马永成等人证实。正德皇帝立即命

令张永带领禁军捉拿刘瑾，刘瑾毫无防备，正在家中酣睡，禁军轻而易举将其捉住，投入大牢。

第二天，正德帝亲自出马，去抄刘瑾的家，发现了刘瑾家中有私刻的皇帝印玺，以及玉带、龙袍、盔甲武器等禁止百姓和官员私自拥有的禁物，在刘瑾经常拿着的扇子中还发现了两把匕首。正德帝大怒，终于相信刘瑾谋反的事实，立即下令将刘瑾凌迟处死。根据规定，凌迟刀数应该为三千三百五十七刀，每十刀一歇一吆喝，行刑的第一二两日，按规定先剐三百五十七刀，从胸膛左右起，剐肉如指甲片大小。初动刀则有血流寸许，再动刀则不见血了。可能是由于犯人受惊，血流入小腹、小腿肚，刀剐完毕，开膛剖腹，则见血从这些地方流出，刑部主事张文麟记录了刘瑾被凌刑的过程。行刑当晚，押刘瑾到顺天府宛平县寄监，松绑数刻，当时刘瑾尚能食粥。第二天，继续押至刑场。刘瑾就刑时，乱言宫内之事，刽子手以麻核桃塞其口，数十刀以后刘瑾晕死过去。行刑的那些天，京城沸腾，刑场周围，人山人海。原来受过刘瑾迫害的人家纷纷用一文钱买下一片肉以祭冤死者，甚至将其肉生吞下去，以解心头之恨。

刘瑾专权期间，到底搜刮了多少钱财至今还是个历史之谜。抄没的刘瑾家财数字，史书记载不一，其中据《明史纪事本末补编》所载是："金二十四万锭又五万七千八百两，元宝五百万锭，银八百万又一百五十三万三千六百两，宝石二斗，金甲二、金钩三千，玉带四千一百六十二束，狮蛮带二束，金银汤盏五百，蟒衣四百七十袭，牙牌二匮，穿宫牌五百，金牌三，衮龙袍四领，八爪金龙盔甲三十副，玉琴一，玉瑶印一。共金一千二百五万七千八百两，银共二万五千九百五十万三千六百两。"不论怎么算，刘瑾都可称得上是中国历史上最大的贪官之一。

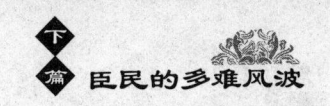

魏忠贤祸乱朝纲之谜

明朝至熹宗时期，宦官擅权达到了登峰造极的地步，出了一个人称"九千岁"的大太监魏忠贤。一个宦官竟称九千岁，即使在宦官专权屡见不鲜的明朝也可说绝无仅有。魏忠贤为什么会拥有如此大的权力，登上如此高的地位？个中缘由，至今说法不一。

魏忠贤，河间府肃宁（今河北肃宁县）人，原名进忠，曾结过婚，有妻子并生下一女。魏忠贤因整日沉溺于赌场，又赌运不佳，家产尽输，被债主逼得走投无路，一急之下净身，改姓为李，入宫当了太监。开始时他只是在宫中干些杂役，后来巴结上大太监王安手下的魏朝，由其引荐，当上了皇长孙朱由校生母王才人的办膳太监。有机会接近未来的皇上，这对魏忠贤来说是一个很好的转机，他心想有朝一日皇长孙朱由校继位当上皇帝，那他也就有飞黄腾达之日了。于是他抓住小孩喜好玩耍的特点，挖空心思、变尽花样哄皇太孙开心。

万历四十八年（1620年）七月二十一日，明万历帝朱翊钧驾崩，朱常洛即位，而朱常洛只当了一个月皇帝就病故，年仅16岁的朱由校被东林党人推上皇位也就是史称的"天启皇帝"。

随着朱由校登基，李进忠一时也成为炙手可热的当权人物，不久当

上了手握实权的司礼监秉笔太监，负责掌理内外奏章、批朱等事宜。此后，李进忠又恢复"魏"姓，天启帝御赐名"忠贤"，魏忠贤从此开始了他的专权生涯。

不识字且无靠山的魏忠贤之所以能如此平步青云，这么快就当上司礼监秉笔太监，与一个女人有很大关系，她就是客氏。

客氏是朱由校的乳母，客氏心灵嘴巧，且奶汁稠厚，甚得朱由校生母王氏的信任。王氏不久被迫害而死，朱由校从小孤苦无依，客氏出自女性的本能，对朱由校十分疼爱，两人相依为命，如同母子。朱由校一登上皇位，便封客氏为"奉圣夫人"，对其宠惠有加。客氏仗着有皇帝撑腰，威权日盛，趾高气扬。魏忠贤千方百计地与客氏勾搭，与其结成"对食"关系，形如夫妻。

魏忠贤之所以能够专权乱政到肆无忌惮的地步，与天启帝不理政事也颇有关系。本来就有点弱智的天启帝有一个嗜好，十分酷爱木匠活，喜欢自己亲手做一些小器具，每天从早到晚，忙个不停。魏忠贤每次乘他忙得正起劲的时候去奏事，这时的天启帝就会不耐烦地说："我已经知道了，你们好好干吧。"魏忠贤便背着皇帝，把持朝政，铲除异己。

魏忠贤不仅善于玩弄权术，而且做事手段毒辣。对引荐人魏朝，魏忠贤最后竟放恶狗将他吃掉。魏忠贤在任司礼监的时候，大肆网罗亲信，相助为虐，他手下有一群被称作"五虎""五彪""十狗""十孩儿""四十孙"的走狗，党羽遍及各个衙门。除司礼监，魏忠贤还兼任东厂总督太监，结成了庞大的阉党集团，打击东林党人，许多官员被革职斥逐或被迫害致死。

魏忠贤和客氏把持朝政，作恶多端，激起了朝中大臣们的强烈愤慨。

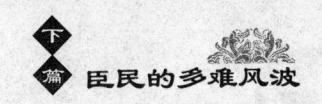

御史杨涟等人联名上书，列举弹劾了魏忠贤专权乱政、迫害忠良、蒙蔽圣上，暗害妃嫔、私建祠堂、任用私党、败坏圣名等罪名，紧接着又有七十多名朝臣上疏弹劾魏忠贤，奏疏达百余封。魏忠贤惊恐万分，但在客氏和太监王体的辩解和帮助下，糊涂的天启帝不但不听朝臣百官的劝谏，反而下一道措辞严厉的谕旨，极力袒护魏忠贤。这次上书使魏忠贤对杨涟等人怀恨在心，他凭空捏造罪名，逮捕了杨涟、左光斗、周朝瑞、魏大中、顾大章、袁化等六人，在狱中对其施以酷刑，六君子全被折磨而死。之后，魏忠贤又再次大兴冤狱，将周起元、周顺昌、高攀龙、周宗建、李应升等七人诬以受贿之罪名，逮捕入狱，七人受尽严刑拷打，最后全部惨死狱中。魏忠贤和客氏不仅对政治上反对他们的朝中官员下毒手，就连不听话的后宫嫔妃也难逃魏忠贤和客氏的魔掌。张皇后因"性严正"，多次提醒天启帝警惕魏、客两人，遭其怨恨，被陷害流产，致使天启帝无后。裕妃张氏性格刚烈，对魏、客两人不屑一顾，于是以有孕之身被禁于冷宫，绝其饮食，饥渴而死。冯贵人劝天启帝停止内操（指挑选、装备宦官，在禁中操练，这是魏忠贤出的鬼主意），魏、客便假传圣旨，将其赐死。李成妃为冯贵人求情，魏、客两人知后大怒，将其囚禁，幸亏李成妃事先储备了食物，没有被饿死，但被贬为宫人。

魏忠贤控制的东厂也到处横行霸道，肆意抓人，百姓谈话中无意冒犯了魏忠贤也会被处以剥皮、割舌等酷刑。

"一人得道，鸡犬升天"。魏忠贤的族人因魏的发迹也纷纷被加官晋爵，身居要职。侄子魏良卿封宁国公，加太师，另一个侄子魏良栋封东安侯，加太子太保，侄孙魏鹏翼封安平伯，加少师。族人中荫封锦衣卫指挥使的有17人，官至左、右都督及都督同知、佥事等有多人。随着魏

忠贤个人势力急剧膨胀，朝廷内外众多的官僚为了取悦于魏忠贤，呼他为"九千岁"，进一步有些人干脆呼他"九千九百岁"，离"万岁"皇帝只差一步之遥。这些谄媚的官员尤嫌不足，又掀起了为魏忠贤建造生祠的运动。祠即祠堂，原本是祭祀死去的祖先或先贤的宗庙，为活着的人建造的祠堂，称为"生祠"。最初由浙江巡抚潘汝桢上疏说"东厂魏忠贤，心勤体国，念切恤民"，请求为魏忠贤立生祠。明天启帝不但没有阻止，还为这个生祠赏赐匾额——"普德"。此例一开，全国各地纷纷效仿，建祠之风愈演愈烈，生祠之多，几遍天下。各地官员对生祠的态度和恭敬程度成为对魏忠贤是否忠诚的标志。生祠"极壮丽庄严，不但朱户雕梁，甚有用琉璃黄瓦，几同宫殿。不但朝衣朝冠，甚至垂旒金像，几埒帝王"。当时甚至还有人把魏忠贤和圣人孔子相提并论，说："孔子作《春秋》，忠贤作《要典》，孔子诛少正卯，忠贤诛东林，宜建祠国学西，与先圣并尊。"对魏忠贤的谄媚之风泛滥全国。

正当魏忠贤权力达到顶峰、权倾朝野之时，天启七年（1627年）八月，朱由校病死，他的弟弟、信王朱由检即位，就是崇祯皇帝。靠山一倒，魏忠贤和客氏的末日也就到了。

崇祯皇帝首先把客氏赶出皇宫，又免去魏忠贤司礼监和东厂的职务，发配凤阳守祖陵，当魏忠贤行至途中，又下令押回京城审判。魏忠贤知道难逃一死，与其回去遭千刀万剐，还不如趁早自己结束性命，便悬梁自尽。魏忠贤自结性命还不能解天下百姓之恨，于是崇祯帝下令"诏磔其尸，悬首河间"，并抄没其家，将全部财产估价变卖助饷。随后，崇祯皇帝开始清理魏党。朝廷颁布"钦定逆案"，这是整个明朝最大的一起党案。魏忠贤被定为"逆案"之首，一共清查出首逆同谋六人，交结近侍

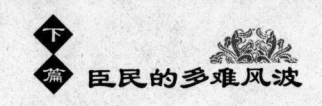

十九人，交结近侍次等十一人，逆孽军犯三十五人，谄附拥戴军犯十五人，交结近侍又次等一百二十八人，祠颂四十四人，共计二百五十八人，加上"漏网"五十七人，共计三百一十五人之多。作恶多端的魏忠贤和魏党终于得到应有的惩罚，这也是王振、刘瑾等几个专权大宦官的共同下场，古训有云，"多行不义必自毙"。

后 记

明朝，是一个欲望膨胀的年代。明太祖朱元璋刑网四布的统治欲，明成祖朱棣骇人听闻的杀戮欲，明英宗朱祁镇、明武宗朱厚照毫不负责任的嬉乐欲，明世宗朱厚熜、明神宗朱翊钧爷孙财迷心窍的贪攫欲，明熹宗朱由校放任自流的淫乐欲，明思宗朱由检刚愎自用的控制欲；臣子中，李善长的营党欲，朱高煦的篡夺欲，王振的虚荣欲，刘瑾的把持欲，严嵩、张居正的求权欲，魏忠贤的变态欲，李自成、张献忠的残虐欲，吴三桂的私情欲，各种欲望放荡恣肆地在近三百年间狂暴地躁动，横溢泛滥，莫有止息。最终，欲望湮没了一切，家倾国亡，同归于尽。

明朝也是中国封建社会的没落时代，社会风气在程朱理学的影响下开始变得保守颓废。然而，这并不影响浪漫爱情的滥觞。在明代，贵如皇帝贵胄，状元进士，下至寻常文人，风尘侠士，涌现了一桩又一桩可书可写的爱情往事，展现了一幅荡气回肠、波澜起伏的爱情画卷，这一副副画卷也让大明的历史变得更加有趣生动。一个经济水平和军事科技

水平都处于当时世界领先的王朝，一个已经产生了人文主义思想和近代科学的国家，为什么会在进入近代文明的前夜灭亡？这又导致了怎样的后果？

本书撷取明朝的历史悬案，依据众多的史料，抽丝剥茧，滤掉浮现在这些疑案外表上的种种谎言，进行客观的分析和评述，揭示这些疑案的真相，理清历史的本来面目。朱元璋怎么从乞丐到皇帝、朱高炽的太子地位为何几遭动摇、崇祯帝怎么处理亡国后的家事……

经济发达的江南地区在明代已出现了资本主义萌芽，，市镇如雨后春笋茁壮发展，工商业相当繁荣。然而，朝廷的重赋、地方的盘剥、森严的海禁，抑制了江南工商业的发展。几百年以后，人们无奈地发现，中国大地上的资本主义萌芽依然只有那已略显干枯的第一片嫩叶。

同样是在明朝，科技文化也取得了令人瞩目的成就。中国古代四大名著，明代独占三部。《西游记》中机智勇敢的孙悟空、憨态可掬的猪八戒，伴我们度过了快乐的童年。《水浒传》中的行者武松、豹子头林冲、花和尚鲁智深、黑旋风李逵更是我们年轻时心目中的英雄。而《三国演义》则是大多数人接触中国历史的起点。李时珍的《本草纲目》、朱应星的《天工开物》、徐光启的《农政全书》，都是中国古代科技发展史上的集大成之作。然而，明朝的八股取士制度又使多少读书人皓首穷经，将所有的才智耗费在无用的八股文上。"八股之害，等于焚书"，顾炎武的控诉道出了八股取士对中国文化的毒害。

这就是明朝，不管你对它是爱还是恨，它都是中国历史的一部分，成为了中国人文化基因的一部分，这是一段中国人都应该了解的历史。